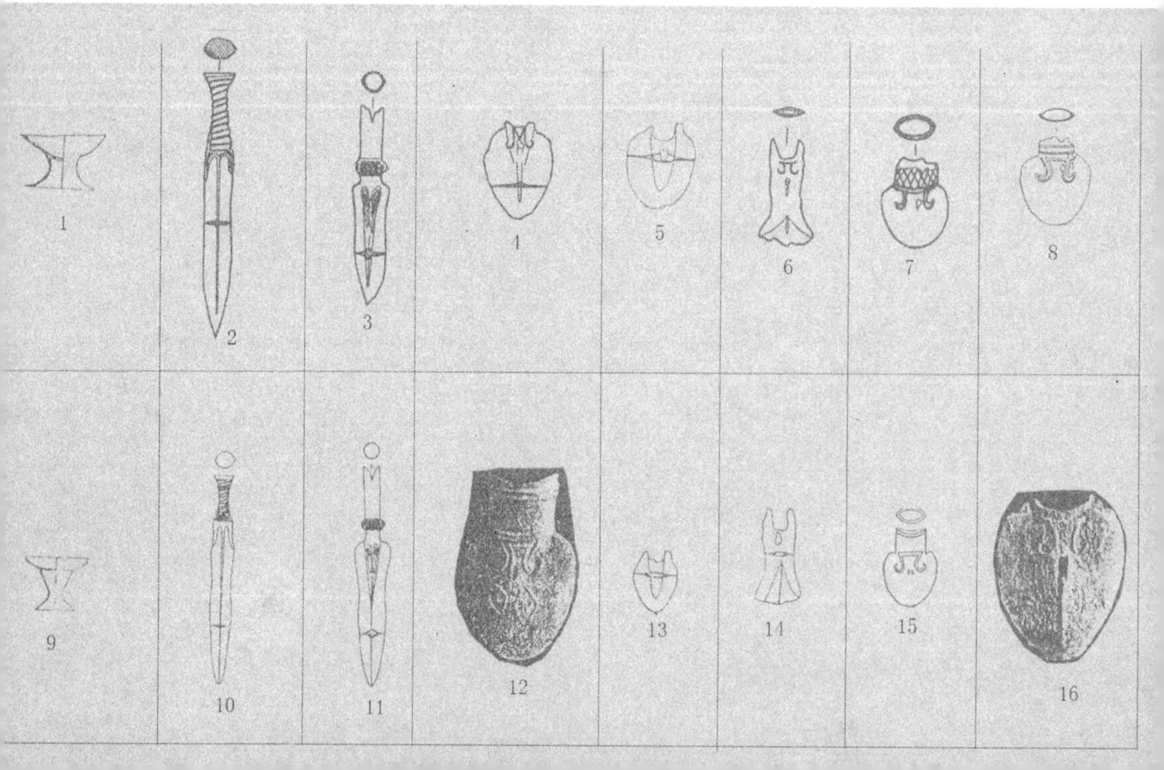

1
2
3
4
5
6
7
8
9
10
11
12
13
14
15
16

贵州民族大学学术著作出版基金资助
GUIZHOU MINZUDAXUE XUESHUZHUZUO CHUBANJIJIN ZIZHU

金沙江中游石构墓葬研究

JINSHAJIANG ZHONGYOU SHIGOU MUZANG YANJIU

◎ 叶成勇 / 著

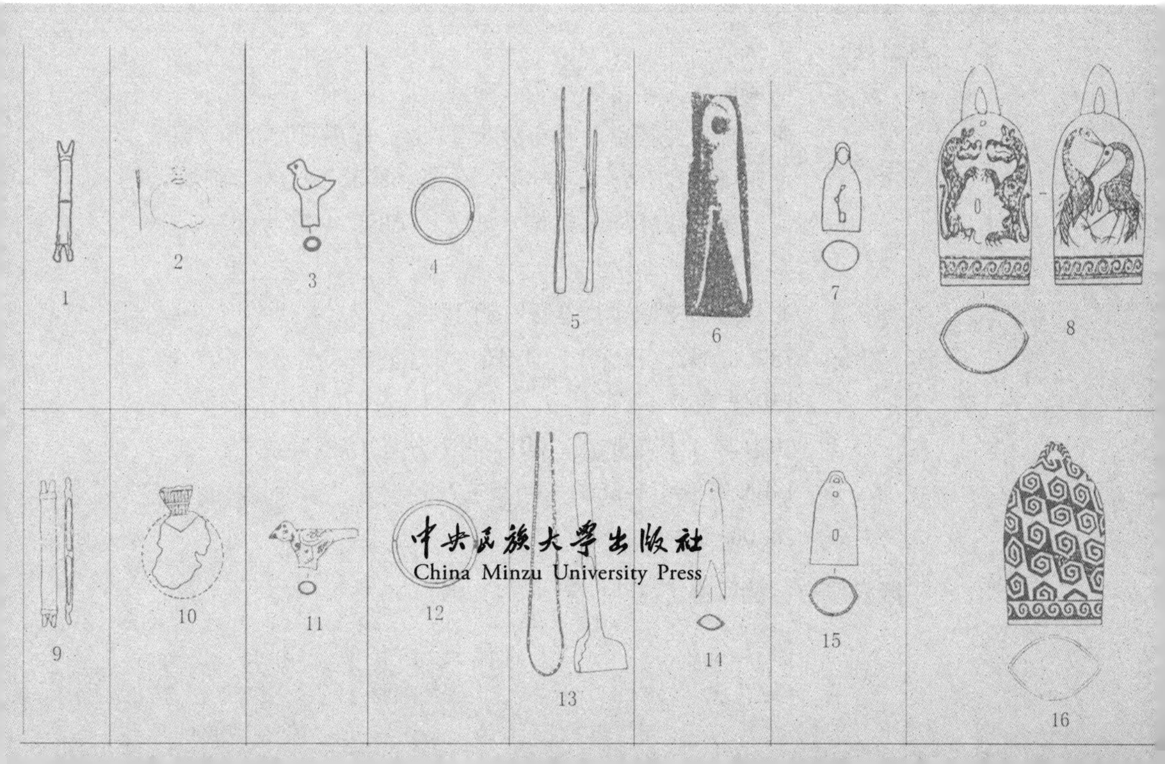

中央民族大学出版社
China Minzu University Press

图书在版编目（CIP）数据

金沙江中游石构墓葬研究/叶成勇著．—北京：中央民族大学出版社，2014.1

ISBN 978－7－5660－0625－7

Ⅰ．①金…　Ⅱ．①叶…　Ⅲ．①金沙江—中游—墓葬（考古）—研究　Ⅳ．①K878.84

中国版本图书馆 CIP 数据核字（2014）第 003708 号

金沙江中游石构墓葬研究

作　　者　叶成勇
责任编辑　舒　松
封面设计　布拉格
出 版 者　中央民族大学出版社
　　　　　北京市海淀区中关村南大街 27 号　邮编:100081
　　　　　电话:68472815(发行部)　传真:68932751(发行部)
　　　　　　　68932218(总编室)　　　68932447(办公室)
发 行 者　全国各地新华书店
印 刷 厂　北京宏伟双华印刷有限公司
开　　本　787×1092（毫米）　1/16　印张：9
字　　数　150 千字
版　　次　2014 年 1 月第 1 版　2014 年 1 月第 1 次印刷
书　　号　ISBN 978－7－5660－0625－7
定　　价　28.00 元

前　　言

本书运用考古类型学和文化因素分析方法，将金沙江中游石构墓葬分为滇西北区、滇北区、川西南区三个区域，并作分期和年代推断，分析了各区随葬品和葬制的演变特征。提出：

1. 各区石构墓葬，无论随葬品还是葬制从早到晚都是差异性远远大于共同性，自有特点和演变轨迹，川西南区独立性明显，其次是滇西北区，滇北区则呈跳跃发展之势。滇西北区陶器流行双耳罐、单耳罐，早晚演化轨迹明显，铜器以兵器为主，缺乏演化关系。墓葬结构为地下式垒石成壁墓，葬式以单人屈肢葬为主，兼有直肢葬。滇北区变异较大，陶器经历了从无耳到有耳再到无耳的变化，铜器种类数量较丰富，兵器、工具、各类饰件并重。墓室结构经历了从地下式单室到分室到分层多室再到有墓道的变化，葬式则由单人直肢到多人丛葬再到单人二次葬。川西南区陶器以带嘴壶、喇叭口罐、圈足罐为特色，带耳器因素一直存在，但始终不发达，铜器以发钗、镯、环、铃等小件器物为主，骨石器较为流行。墓葬结构为地上式竖石成壁和垒石成壁两种长期并存，葬式为多人一次丛葬和多人多次丛葬长期并存。另有封土、墓尾、墓道、器物坑等墓外设施。

2. 金沙江中游石构墓葬主要是当地新石器时代晚期文化发展的产物，滇北区和滇西北区南部小区地下式石构墓葬由大墩子类型文化发展而来，川西南区地上式石构墓葬与当地新石器时代晚期礼州类型密切相关。至青铜时代，滇北区石构墓葬成为当地以土坑墓为代表的青铜文化的组成部分，滇西北区石构墓葬中青铜器受土坑墓文化因素的强烈影响，而其陶器中的双耳罐、单耳罐因素则强烈地影响了土坑墓，土坑墓文化因素与石构墓葬文化因素在这两个区域南来北往，西出东进，互通有无。川西南区则较为独立地发展成一种以陶带嘴壶、喇叭口罐、圈足罐，铜发饰、镯、环、铃和骨石器为特色的青铜文化。

3. 金沙江中游石构墓葬文化特征和文化格局的形成，是当地特殊的自然地理环境，不同文化传统长期并存，石构墓葬文化内部的单一性、浅层次性和不平衡性等多种因素共同作用的结果。至西汉中晚期，随着汉式文化的不断输入，石构墓葬随之走向消亡，但各区石构墓葬衰亡的时间和过程不一。

4. 整个金沙江中游，包括四川西部、西藏东部地区在内，最迟至战国早中期，已呈现出多种文化传统并列发展之势，各种文化有稳定的分布范围和中心，形成了长期并存，融合发展的文化格局。

西北部流行地下式石构墓葬，是以陶直口球形腹双耳罐、螺旋纹双耳罐、簋和各种单耳罐为特征的文化传统；南部流行 A 类土坑墓和一种与之并存的石构墓葬，是以山字纹剑、钺、锄、铜鼓、编钟为特征的文化传统；西北部和南部之间交错地带流行 B 类土坑墓和一种与之并存的石构墓葬，是以曲柄剑、曲刃戈、双耳矛、双圆饼剑、枝形器为特征的文化传统；东北部是以地上式大石筑墓、铜发钗、环、骨器为特征的文化传统。土坑墓与石构墓葬之间的同与不同，土坑墓内部的同与不同，石构墓葬内部的同与不同，既是不同文化传统长期并存的反映，也是其相互影响的必然结果。以螺旋纹双耳罐为代表的西北部传统文化因素东移南下，以山字纹剑、曲柄剑、曲刃戈、双圆饼剑、双耳矛为代表的 A、B 类墓青铜文化因素西进北上，互相交融，生动地反映了金沙江中游这几种文化传统的互动关系，其关系不能以文化传播或民族迁徙简单概括。

5. 各个区域的丧葬形式，或以石构墓葬为主体，土坑墓为辅助，或以土坑墓、土坑石盖墓为主体，石构墓葬为辅助，地位各有不同，各有侧重和选择。但土坑墓与石构墓葬是金沙江中游并存的两大基本墓葬形式，不管游牧民族还是农耕民族，都在使用，并不具有族属上的区分。这两种墓葬形式并列并存，互相影响，在各个区域内都经历了各自特有的交融发展道路。

此外，本书还特别讨论了川西南区地上式石构墓葬形制和葬式的复杂性、相互关系及其社会意义。

本书是在笔者 2005 年硕士论文《金沙江中游石构墓葬研究》基础上修改而成，所引用考古资料截止到 2012 年年底。

目　　录

第一章　绪　　论

第一节　石构墓葬的定名与分类

本章探讨的石构墓葬，分布范围以金沙江中游为限，大致是澜沧江以东，元江、哀牢山、滇池以北，牛栏江以西，雅砻江、贡嘎山、大渡河以南，相当于今滇西北、滇北、川西南地区。

金沙江中游石构墓葬是一种颇具特色且分布广泛的文化遗存，目前已发现上千座，发掘近600座。集中分布于金沙江及其支流的近旁台地和一些山间盆地及其周缘地带，从当地新石器时代晚期（约2000—1350BC）至青铜时代晚期或铁器时代初期（西汉中晚期），延续千余年。其发展形态的多样性和文化内涵的丰富性对于探讨金沙江中游新石器晚期文化特征，青铜文化的起源、类型、区域特征，以及多民族间文化关系具有重要意义。

石构墓葬只是对我国边疆地区以石围筑墓室这样一种墓葬的统称，① 在我国东北、西北、西南地区广泛存在，时代早晚不一，文化内涵和形态特征也各不相同，因此研究者对其定名也不一致。东北地区者被称为石棚、石棺墓；西南地区者被称为石棺墓、石椁墓、石棺葬、石板墓、大石墓等。很显然，这些不同的称谓，各执一端，标准不统一，有的是据外观形状而定（石棚）；有的是据其以石围成棺椁的功用而定（石棺墓、石椁墓、石棺葬）；有的则是据石材的形状大小而定（石板墓、大石墓）；有的甚至对同一区域的同类墓葬也有不同的称谓，这种情况在西南地区尤其突出。

20世纪四五十年代，西南地区的岷江上游已有石构墓葬发现。当时的研

---

① 谭长生、罗开玉等人在有关文章中使用这一名称，但是他们并未对其作具体规范和讨论，石构墓葬这一名称仍是一个空泛的概念。谭文《西藏高原石构墓葬的初步研究》，载《考古求知集》第458—470页，中国社会科学出版社，1997年。罗文《川滇西部及藏东石构墓葬研究》，载《考古学报》1992年第4期。

究者根据其墓葬形态特征，提出所谓“板岩葬文化”[①]、“石棺葬文化”[②]。至80年代，随着发现数量的增多和分布范围的扩大，研究者意识到这种提法既不能反映墓葬本身的真正内涵和考古学文化特征，更不能反映西南其他地区其他类型石构墓葬的内涵和特征，因此主张运用考古学文化的命名方式，对整个西南地区石构墓葬重新分析命名。[③] 但与此同时，也有人认为目前的发掘材料还不足以在不同区域划分文化或类型，主张暂时还应该使用这种“较宽容较模糊的石棺葬文化概念”，把它理解为一个共同体，并着力强调不同区域石棺葬文化的共性和传统性（包括陶双耳罐、单耳罐、铜兵器、石板结构的长方形墓室）。且明确指出：“‘石棺葬文化’这一名称，指在一些地点表现得较全面而在另一些地点只有部分地表现或加上了一些其他内容的一套具体文化因素。”[④]

以上分析表明，石构墓葬的定名与分类问题，实质上包括对墓葬形制特征和文化类型划分两个方面，在各自的研究中分歧很大，争论的焦点在于石构墓葬这种遗存是属于一种文化，还是分属不同的文化或类型。我们认为，就目前的发现看，只有把其限定于特定区域，并在与之有内在关联的某个或某几个考古学文化或类型内讨论才是有意义的。故本书仅对金沙江中游从新石器时代晚期至青铜时代晚期的石构墓葬，作定名与分类讨论。

第一，金沙江中游石构墓葬一般由石底、石盖、石壁三部分组成，是相对于当地土坑墓而言的，其基本形制是以石围成墓的四壁，构成石框。只有满足了这个基本条件，才可称为石构墓葬。这里有两种情形需要明确：一是土坑石盖墓不是石构墓葬。比如最近在云南元谋大墩子新石器时代晚期遗址

---

① 郑德坤：《The Slate Tomb Culture of Li—Fan》，《Harvard Journal of Asiatic Studies》，volume9，1945—1947。杜品光译、秦学圣校：《理番石板墓文化》，载《哈佛大学亚洲研究学报》9卷2期，1946年。译文收于四川省文管会、四川省文物考古研究所编《石棺葬译文资料集》，1985年。

② 冯汉骥：《岷江上游的石棺葬文化》，载成都《工商导报》1951年5月20日。

③ a. 沈仲常、李复华：《关于“石棺葬文化”的几个问题》，载《中国考古学会第一次年会论文集》，文物出版社，1980年。

b. 王涵：《我国西南地区一种新的青铜文化》，载《云南文物》1984年总第14、15期。

c. 罗开玉：《川滇西部及藏东石构墓葬研究》，载《考古学报》1992年第4期。

d. 陈祖军：《西南地区的石棺墓分期研究——关于“石棺葬文化”的新认识》，载《四川考古论文集》，第171—200页，文物出版社，1996年。

④ 亚当·史密思：《川西、滇西北、藏东地区石棺葬文化研究》，北京大学考古文博学院2001年硕士学位论文打印稿。

发现了5座土坑石盖墓，四壁为土壁，只在墓口盖石板。[①] 四川凉山盐源县双河、干海也发现土坑石盖墓。[②] 二是石底或石盖不是石构墓葬的基本特征。绝大多数石构墓葬都有石底石盖，石盖无者多被破坏。另外在四川凉山昭觉等地调查发现了数十处墓地，至少两百余座无石盖板的石构墓葬。[③]

第二，按构筑墓室与地面的关系，可分为地上式和地下式两种类型。所谓地上式，是指在建墓前平整地表，只挖浅沟槽以安置壁石，墓壁外培土石以防倾倒，从而使得墓室主体部分搁置或隆起于地表之上。所谓地下式，是指事先挖好墓坑（有的还在墓坑下挖出浅沟槽），再在墓坑内用石块砌筑墓室，从而使得墓室主体部分隐埋于地表之下。这两种不同类型，实质上反映的是不同的建墓观念和文化传统。地上式石构墓葬只集中分布于安宁河流域，地下式石构墓葬在滇北区和滇西北区有广泛分布，安宁河西小区无盖石构墓葬也属地下式。

第三，按墓室四壁的结构特征可将石构墓葬划分为垒石成壁型和竖石成壁型，理由是这两种形态的石构墓葬在一定区域内是长期并存关系。在此基础上，再按墓室的单室或多室的不同和墓道有无的不同，作式别的划分。

第四，由于目前已发现的金沙江中游石构墓葬中都未见木质棺椁葬具，故以石围成墓的四壁，可能在客观上具有棺或椁的功能，从这个意义上讲，金沙江中游石构墓葬可能属于"石棺葬"的一种形式。但这也仅仅是从葬具角度而言，与所谓较宽容模糊的"石棺葬文化"有本质的区别。如果不充分考虑这类石构墓葬的分布区域、区域间差异、建造方式、随葬品、葬式、时代性等方面，而笼统地称为"石棺葬"或"石棺墓"，研究确实难以深入。因此，我们采用"石构墓葬"这个总名，按照考古学的理论方法，对金沙江中游这类墓葬先作分区分期讨论，再分析各区域石构墓葬的类型特征、演变过程、源流及其原因等。

---

① 王国付：《元谋大墩子新石器遗址重要新成果》，载《楚州古今》1999年第3期。

② a. 刘世旭：《凉山的考古与民族》，载《四川文物》1992年第4期。

b. 姜先杰等：《凉山地区的考古新发现》，载《中华文化论坛》（金沙江文化专号）2002年第2期。

③ a. 凉山彝族地区考古队：《四川凉山昭觉石板墓发掘简报》，载《考古学集刊》第1集，中国社会科学出版社，1981年。

b. 文物编辑委员会编：《文物考古工作十年》（1979—1989），第256页，文物出版社，1990年。

第二节 金沙江中游石构墓葬的发现概况

一、滇西北地区

该区域主要是调查材料，正式发掘的仅有：

1974 年 8 月，在德钦云岭乡永芝发掘 2 座。①

1977 年 8 月，在德钦佛山乡纳古发掘 24 座。②

1988 年 3—4 月，在中甸尼西乡调查发现五处墓地，并对其中的三处清理 43 座。③

1997 年，在中甸东旺乡比虾、优奔两个地点清理 11 座。④

调查地点有：丽江大具坝乡营盘村、白麦金村；丽江石鼓镇格子、四兴村；丽江红岩三仙姑；丽江坝长水马鞍山；⑤ 华坪荣将湾潭；⑥ 永胜涛源。⑦ 另外，据迪庆州文管所李钢所长介绍，在德钦燕门乡石底，佛山乡江坡，云岭乡西当；中甸新建、礼仁、虎跳峡、江边等地也有大量分布，多达百余处上千座。

该区域还发现有竖穴土坑墓，甚至同一墓地既有土坑墓，又有石构墓葬。⑧

二、滇北地区

本区域考古工作相对较多，分滇北川西南毗邻小区和滇北滇西北毗邻小区介绍。

---

① 云南省博物馆文物工作队：《云南德钦永芝发现的古墓群》，载《考古》1975 年第 4 期。

② 云南省博物馆文物工作队：《云南德钦县纳古石棺葬》，载《考古》1983 年第 3 期。

③ 云南省文物考古研究所：《云南中甸的石棺葬》，载《云南文物》1993 年总第 36 期。又见于《考古》2005 年第 4 期。

④ 迪庆藏族自治州文管所李钢告知，材料存迪庆藏族自治州文管所。

⑤ 木基元：《丽江金沙江的考古发现与研究》，载《中华文化论坛》（金沙江文化专号）2002 年第 2 期。

⑥ 木基元：《滇西北金沙江河谷石棺葬文化初探》，载《东南文化》1995 年第 2 期。

⑦ 木基元：《滇西北金沙江河谷石棺葬文化初探》，载《东南文化》1995 年第 2 期。

⑧ a. 云南省博物馆文物工作队：《云南德钦永芝发现的古墓群》，载《考古》1975 年第 4 期。
b. 云南省文物工作队：《德钦石底古墓》，载《云南文物》1982 年总第 12 期。

滇北川南毗邻小区（东小区）：

1980年7月至1981年11月，在四川盐边渔门清理4座。①

1982年10月，在云南永仁永定磨盘地清理30座，② 1997年10月和2001年在该地点又清理15座。③

1984年6月至1999年3—4月，在云南元谋大墩子新石器时代遗址共清理20座石构墓葬和土坑石盖墓；④

1985年10—11月，在永仁维的麻地梁子清理60座。⑤

1990年2月，在武定田心清理3座。⑥

1991年6—7月，在云南巧家县小东门清理18座墓，石构墓葬10座，土坑墓8座，两种墓葬文化内涵接近。⑦

2002年12月，在四川会理县新安乡小营盘墓群抢救发掘20座。

2004年12月至2005年1月，在云南禄劝县阿巧乡营盘包抢救发掘8座。⑧

除以上地点外，调查还发现：永仁维的张家岩、立安村、石腊村；⑨ 元谋物茂虎溪村，苴林下棋柳，⑩ 武定万德；⑪ 会理河口唐家坡、小团山，普隆乡

---

① 渡口市文物管理处：《四川盐边县石棺葬发掘简报》，载《考古与文物》1986年第2期。

② 楚雄彝族自治州文管所、云南省博物馆文物队：《云南永仁永定镇石板墓清理简报》，载《文物》1986年第7期。

③ a. 于林非：《永仁菜园子石棺墓清理简报》，载《云南文物》1998年总第46期。

b. 云南省文物考古研究所：《云南永仁菜园子磨盘地遗址2001年发掘报告》，载《考古学报》2003年第2期。

④ a. 段志刚：《元谋再次发现石棺墓》，载《云南文物》1993年总第35期。

b. 姜础：《元谋大墩子新石器时代遗址石棺墓清理简报》，载《云南文物》1994年总第38期。

c. 张家华、杨甫旺：《楚雄文物考古与文化论集》，第201—213页，香港天马图书出版公司出版，2002年。

⑤ 楚雄彝族自治州文管所云南省博物馆文物工作队：《云南永仁维的石板墓发掘纪略》，载《云南文物》1986年总第19期。

⑥ 张家华、李剑明：《云南武定田心石棺墓调查简报》，载《云南文物》1992年总第31期。

⑦ 昭通市文物管理所、巧家县文物管理所：《云南省巧家县小东门墓地清理简报》，载《四川文物》2009年第6期。

⑧ 昆明市博物馆、禄劝县文物管理所；凉山彝族自治州博物馆、会理县文物管理所：《金沙江中游地区两处新石器时期石棺葬的发掘》，载《考古》2007年第11期。

⑨ 张家华、杨甫旺：《楚雄文物考古与文化论集》，第201—213页，香港天马图书出版公司出版，2002年。

⑩ 张家华、杨甫旺：《楚雄文物考古与文化论集》，第201—213页，香港天马图书出版公司出版，2002年。

⑪ 《武定县志》。

普隆村、席草地、新安乡猴子洞、黎溪粪箕湾、新田；[①] 巧家县七里桥、徐家老包[②]等地也有广泛分布。

滇北滇西北毗邻小区（西小区）：

1977 年 4 月、1980 年 1 月，在祥云禾甸检村清理 4 座。[③]

1979 年 3—4 月和 1980 年冬，在姚安西较场黄牛山和大龙口寨子山各清理 1 座。[④]

1980 年 1 月，在弥渡苴力青石湾、石洞山、新民村清理 8 座。[⑤]

1988 年 4 月，在大理海东三棵树清理 3 座。[⑥]

1994 年 5 月，在宾川古底清理 13 座。[⑦]

1987—1988 年，在祥云红土坡清理 77 座古墓，其中 74 座为石构墓葬，3 座为火葬墓。M14 为石构墓葬，出土 501 件器物。2003 年又发现 154 座石构墓葬和 5 座火葬墓。[⑧]

调查发现的地点有：宾川古底乡磨盘村，平川乡孟获洞村、新发村、唐宁村、安石村，力角乡椿树村，太和乡自锁营村，彩凤乡红土坡；[⑨] 祥云刘厂大波那村，弥渡苴力长田，五一大庄村、土锅村，新跃马官庄。[⑩]

在整个滇北区域，也发现多处土坑墓与石构墓葬并存地点。

---

① a. 唐翔：《会理城河流域的古代文化遗存》，载《四川文物》1992 年第 4 期。

b. 会理县文管所等：《四川会理县粪箕湾墓群发掘简报》，载《考古》2004 年第 10 期。

c. 四川省文物考古研究院、凉山彝族自治州博物馆、会理县文物管理所：《四川合理城河下游考古调查报告》，载《四川文物》2009 年第 4 期。

② 巧家县文管所工作人员告知，2002 年在徐家老包发现石构墓葬群。2004 年在七里桥调查发现分布达 2000 平方米的石构墓葬群。

③ a. 大理白族自治州文物管理所、祥云县文化馆：《云南祥云检村石椁墓》，载《文物》1983 年第 5 期。

b. 云南省大理白族自治州文物管理所：《云南祥云县检村石棺墓》，载《考古》1984 年第 12 期。

④ a. 姚安县文化馆：《云南姚安西教场黄牛山石棺墓》，载《考古》1984 年第 7 期。

b. 郭开云：《姚安清理石墓一座》，载《云南文物》1986 年总第 19 期。

⑤ 云南省文物工作队：《云南弥渡苴力战国石墓》，载《文物》1986 年第 7 期。

⑥ 杨德文：《大理洱海东岸石棺墓清理简报》，载《云南文物》1992 年总第 33 期。

⑦ 大理白族自治州文管所：《宾川古底石椁墓发掘简报》，载《云南文物》1995 年总第 41 期。

⑧ 红土坡 1987—1988 年的发掘材料仅 M14 发表，见大理白族自治州博物馆：《云南祥云红土坡 14 号墓清理简报》，载《文物》2011 年第 1 期。2003 年的材料未正式发表，参见李晓岑等：《云南祥云红土坡古墓群出土金属器的初步分析》，《考古》2011 年第 1 期。

⑨ 大理白族自治州文管所：《宾川古底石椁墓发掘简报》，载《云南文物》1995 年总第 41 期。

⑩ 云南省大理白族自治州文物管理所：《云南祥云县检村石棺墓》，载《考古》1984 年第 12 期。

三、川西南地区

主要是所谓“大石墓”和无盖石构墓葬的调查和发掘，主要地点有：

1975 年 1 月，在冕宁北山坎三块石清理 1 座。①

1975 年 3—5 月，在西昌坝河堡子发现 5 座，清理 1 座。②

1975 年 12 月至 1976 年 1 月，在西昌坝河堡子进行第二次调查发掘，发现 10 余座，清理 4 座。③

1976 年，在喜德拉克四合清理 5 座。④

1976 年 11—12 月，在昭觉俯城、四开、乌坡、好谷、拉一木等地，调查发现十余处两百余座无盖石构墓葬，并清理 20 座。⑤ 近年来，该类石构墓葬在美姑龙门、九口、拉马足，越西且拖、雀儿山等地也有发现。⑥

1977 年，在西昌河西镇发现 7 座，清理 5 座。⑦

1977 年秋，在西昌红旗公社天王山清理 1 座。

1977 年 10 月 4—19 日，在西昌市西郊公社清理 1 座。⑧

1978 年 2—3 月，在德昌五一公社果园发现 5 座，清理 2 座。⑨

1978 年 11—12 月，在米易弯丘清理 2 座。⑩

20 世纪 70 年代末，在木里麦地隆清理 1 座。⑪

---

① 西昌地区博物馆：《冕宁三块石古墓葬清理发掘简报》，载《凉山彝族奴隶制研究》1978 年第 2 期。

② 四川金沙江渡口西昌段安宁河流域联合考古队：《西昌坝河堡子大石墓发掘简报》，载《考古》1976 年第 5 期。

③ 西昌地区博物馆等：《西昌坝河堡子大石墓第二次发掘简报》，载《考古》1978 年第 2 期。

④ 凉山彝族地区考古队：《喜德拉克公社大石墓》，载《考古》1978 年第 2 期。

⑤ 凉山彝族地区考古队：《四川凉山昭觉石板墓发掘简报》，载《考古学集刊》第 1 集，中国社会科学出版社，1981 年。

⑥ 文物编辑委员会编：《文物考古工作十年》（1979—1989），第 256 页，文物出版社，1990 年。

⑦ 西昌博物馆等：《四川西昌河西大石墓群》，载《考古》1978 年第 2 期。

⑧ 凉山彝族自治州博物馆：《四川西昌一号墓发掘简报》，《考古学集刊》第 3 集，中国社会科学出版社，1983 年。

⑨ 西昌地区博物馆：《德昌县五一公社果园大队古墓葬清理发掘简报》，载《凉山彝族奴隶制研究》1978 年第 5 期。

⑩ 凉山彝族自治州博物馆：《米易弯丘的两座大石墓》，《考古学集刊》第 1 集，中国社会科学出版社，1981 年。

⑪ 黄承忠：《木里县发现石棺葬》，载《凉山彝族奴隶制研究》1981 年第 1 期。

1980年，在西昌燕家山、关山、袁家山清理5座。①

1980年12月和1981年2月至3月两次在普格小兴场调查发现数处分布密集的大石墓群，仅清理其中5座。②

1981年4月，在喜德拉克幸福轱辘桥发现3座，清理1座。③

1985年9月至1986年3月，在西昌北山、小花山、黄水塘各清理1座。④

1988、1999、2000年三次在盐源双河毛家坝清理一批土坑石盖墓。⑤

1994年11月，在西昌经久合营村大洋堆清理2座。⑥

2004年7—8月，在四川西昌市黄水乡洼垴村发现4座，清理2座；同年9—12月在四川德昌县阿荣村发现并清理4座。⑦

另外，20世纪70—80年代在以下地点还有调查发现：喜德境内喜德河下游的冕山、深沟，⑧ 冕宁南门三分屯，⑨ 普格瓦打洛，⑩ 越西南菁，⑪ 西昌樟木、西溪、樃环阿七等地。⑫

该区域也发现土坑墓与石构墓葬并存现象，如会理、盐源境内。⑬

---

① 凉山彝族自治州博物馆：《西昌市郊大石墓》，载《考古》1983年第6期。

② a. 凉山彝族自治州博物馆：《四川普格小兴场大石墓》，载《考古与文物》1982年第5期。

b. 凉山彝族自治州博物馆：《四川普格小兴场大石墓群的调查与清理》，《文物资料丛刊》第10集，文物出版社，1987年。

③ 凉山彝族自治州博物馆：《四川喜德县清理一座大石墓》，载《考古》1987年第3期。

④ 西昌地区博物馆：《四川西昌北山、小花山、黄水塘大石墓》，载《文物》1990年第5期。

⑤ a 刘世旭：《凉山的考古与民族》，载《四川文物》1992年第4期。

b. 姜先杰等：《凉山地区的考古新发现》，载《中华文化论坛》（金沙江文化专号）2002年第2期。

⑥ 西昌市文管所等：《四川西昌市经久大洋堆遗址的发掘》，载《考古》2004年第10期。

⑦ a. 四川省文物考古研究院、凉山彝族自治州博物馆、西昌市文物管理所：《四川西昌洼垴、德昌阿荣大石墓》，载《文物》2006年第2期。

b. 四川省文物考古研究院、凉山彝族自治州博物馆、西昌市文物管理所编著：《安宁河流域大石墓》，文物出版社，2006年。

⑧ 凉山彝族地区考古队：《喜德拉克公社大石墓》，载《考古》1978年第2期。

⑨ 刘世旭：《川西大石墓的起源与分期》，载《考古》1985年第6期。

⑩ 刘世旭、秦应远：《四川普格县瓦打洛遗址调查》，载《考古》1983年第6期。

⑪ 刘世旭：《川西大石墓的起源与分期》，载《考古》1985年第6期。

⑫ 西昌文管所姜先杰先生告知。

⑬ a. 刘世旭：《凉山的考古与民族》，载《四川文物》1992年第4期。

b. 姜先杰等：《凉山地区的考古新发现》，载《中华文化论坛》（金沙江文化专号）2002年第2期。

c. 会理县文管所等：《四川会理县粪箕湾墓群发掘简报》，载《考古》2004年第10期。

第三节　金沙江中游石构墓葬的研究概况

一、石构墓葬形制的类型学分析

金沙江中游石构墓葬形制复杂多变，只有在合理分类的基础上才能弄清其演变关系。

童恩正把安宁河流域石构墓葬分为三个类型①。Ⅰ类墓为长方形墓室，三壁用大石竖立，墓门用碎石垒筑，仅有狭窄通道。顶盖大石，外壁无土石。Ⅱ类墓为修筑在地表上的石砌圆丘，墓室长方形，墓门用碎石封闭。Ⅲ类墓为狭长墓室，墓门开在侧壁，门下有台阶，墓室墓顶均用大石。他指出："这三种类型的墓葬，往往共存于同一墓地之中。如坝河堡子Ⅱ、Ⅲ类并存，喜德拉克Ⅰ、Ⅱ、Ⅲ类均有。"这种划分简洁明快，抓住了一些基本特征，但限于材料的不足，未能对各类型的演变和相互关系作深入探讨。

罗开玉把整个金沙江中游大石墓分为九个类型。一至六型都建在地上，一般有封土堆，分布在安宁河流域，有明显承续关系。一型为长方形墓室，无墓道，一型墓室前面两侧加列石为二型，一型前段加墓道为三型，再加石丘为四型。一型墓室旁侧开墓门，加墓道为五型。七至九型都建在地下，未发现封土堆，分布在滇西地区，基本形态是方形或近方形，无墓道。七型为单层双室，八型为单室，九型为双层多室。这种墓葬形制的划分未免繁琐，没有真正把握其内在演变规律，但正确地区分了地上和地下两种不同的建墓方式。

刘弘虽未正式对石构墓葬进行型式划分，但他把土坑墓与各类石构墓葬放在一起进行比较，清晰地展示了川西南地区墓葬多样性特点，并从自然环境、社会生产力水平、民族关系三个方面考察其形成原因。②

2006 年 10 月，由四川省文物考古研究院、凉山彝族自治州博物馆、西昌市文物管理所编著的《安宁河流域大石墓》，梳理了自 20 世纪 70 年代以来至

① 童恩正：《四川西南大石墓族属试探——附谈有关古代濮族的几个问题》，见《中国西南民族考古论文集》，第 88—95 页，文物出版社，1990 年。

② 刘弘：《凉山地区埋葬多样性原因初探》，载《四川文物》1992 年第 4 期。

2004年的考古材料。其中第四章为“墓葬形制介绍”，由金国林先生执笔。[①]他根据有无墓道、门前两侧有无屏风状八字石、墓门所开位置的不同及墓丘形状等特征，把安宁河流域大石墓分为七类。即：Ⅰ类：墓葬规模小，长度在3米以下，深度不足1米。墓室长方形或方形，无墓道，墓前两侧无屏风状大石。Ⅱ类：墓室长方形或梯形，无墓道，墓前两侧无屏风状大石。Ⅲ类：墓室长方形，无墓道，墓门前两侧有一排屏风状大石。Ⅳ类：墓室长方形或梯形，有墓道，墓门两侧无屏风状大石。Ⅴ类：墓室长方形，有墓道，且墓门外两侧有屏风状大石。Ⅵ类：墓室狭长，有墓道，墓室外侧有石块、泥土堆筑成的庞大“封土”丘，且有较长的墓尾。Ⅶ类：长方形墓室，墓门开在墓室两侧腰部。金国林的分类思路实际上还是罗开玉的分类模式，只是作了一些调整，力求使分类更合理，但是没有结合随葬品对各类墓之间的演变关系做讨论，说服力不强。

总之，以上这些研究成果对进一步作型式分析具有启发意义。

二、分区分期与年代推断

随着近年来材料的增多，这一基础研究被提上日程，主要有刘世旭[②]、罗开玉[③]、陈祖军[④]、郭继艳[⑤]、周志清[⑥]等人作过研究。

1985年，刘世旭把安宁河流域大石墓分为早、中、晚三期，早期约为春秋早期至中期，无铜器。中期约为春秋末至战国中晚期，有铜器无铁器。晚期约为战国末至西汉晚期，出现铁器。

1989年，罗开玉把大石墓的分布划分为川西南和滇西两大区域，综合考察后共分为五期。一期不见金属，为青铜时代之前，相当于商至西周中期，处于当地新石器时代晚期。二期有少量铜器，相当于西周晚至春秋中期。三期随葬品以铜器为主，未见铁器，相当于春秋晚期至战国中期。四期出现小

---

① 四川省文物考古研究院、凉山彝族自治州博物馆、西昌市文物管理所编著：《安宁河流域大石墓》，文物出版社，2006年。

② 刘世旭：《川西大石墓的起源与分期》，载《考古》1985年第6期。

③ a. 罗开玉：《川西南与滇西大石墓试析》，载《考古》1989年第12期。

b. 罗开玉：《川滇西部及藏东石构墓葬研究》，载《考古学报》1992年第4期。

④ 陈祖军：《西南地区的石棺墓分期研究——关于“石棺葬文化”的新认识》，载《四川考古论文集》，第171—200页，文物出版社，1996年。

⑤ 郭继艳：《云南地区石棺葬的分区研究》，载《四川文物》2002年第2期。

⑥ 周志清：《云南洱海地区石棺墓初步研究》，载《四川文物》2002年第5期。

件铁器、半两钱和西汉五铢钱，相当于战国晚期至西汉。五期出莽币，填土中有云纹瓦当、绳纹板瓦、筒瓦等西汉晚期至东汉遗物。1993年，刘弘把川西南大石墓分为七个区，认为这七个区为邛都七部的遗存。①

1992年，罗氏又把整个川滇西部及藏东石构墓葬分为八期。第一期无金属器，出土陶石器与当地新石器时代晚期所出同类器一致，时代在夏商时期。第二期出现小件青铜器，处于青铜时代早期，约为商末至西周中晚期。第三期铁器出现，时代在春秋至战国中晚期。第四期出现秦半两，约从公元前310年迄初汉。第五期出汉初半两和五铢钱，当在西汉早期。第六期流行西汉五铢，约在西汉中期至东汉初。第七、第八两期在东汉以后，基本特征消失。文章还在此基础上，把整个石构墓葬的分布大致分为四个大的区域：即岷江上游、大渡河—青衣江流域、金沙江—雅砻江流域、滇西高原，并对各区域文化特点作了一些讨论。

罗氏以上的分析粗略勾勒了西南地区石构墓葬的时空框架，使我们对其有一个总体性认识。但由于其未对整个材料作详细的分析比较，从而使得许多重要问题，如各区域内墓葬形制、葬式演变，器物形态演变，文化类型特征和发展阶段；整个区域内石构墓葬的文化源流，相互关系及其与相关考古遗存的关系，都无法作深入探讨。

1996年，陈祖军依据陶器的特征及演变，对整个西南地区的石构墓葬作了考古学文化的分区分期，并把滇西北的石构墓葬归入其划分的横断山区扎金顶文化。而文章对金沙江中游的石构墓葬几无涉及，忽略至此，实乃无由。刘弘也曾从陶器特征的差异性对“西南夷”地区的文化类型和族属，做过梳理，但仍比较粗略。他通过陶器特征的分析，把西南夷地区的考古遗存分为十一个区域，大致划为A、B、C、D四亚区，其中A亚区就包括岷江上游、青衣江上游、大渡河中游、雅砻江上下游、金沙江上游、澜沧江中游。B亚区为滇池地区及相邻区域，C亚区为金沙江下游，D亚区包括洱海地区和金沙江中游地区。A、B、C亚区是独立的文化区，D亚区则为文化交汇区。就A亚区而言，其陶器共同因素有：大双鋬耳、马鞍形口、单鋬耳。器表磨制光滑，腹部饰漩涡纹。刘氏专从陶器特征出发，站在更广阔的区域内作文化区的划分，有一定启发性，这与陈氏从具体墓地不同类型陶器型式分析入手，

① 刘弘：《“西南夷”陶器及相关问题的研究》，载《四川考古论文集》，第153—170页，文物出版社，1996年。

划分不同的考古学文化，可互为补充。

2001 年，亚当在陈氏的分析基础上，对岷江上游石构墓葬进行了更为详实地分期，共分为四期：Ⅰ期约为西周至春秋早期，可分早（1000—700BC）、晚（700—450BC）两段；Ⅱ期约为战国早中期（450—300BC）；Ⅲ期为战国中期至西汉早期（300—100BC），有早晚之别；Ⅳ期在西汉中期甚至更晚。他把这个分期结果及其相应的文化特征，广泛应用于对青衣江流域、川西藏东、滇西北石构墓葬的文化特征、年代和相互关系等方面的分析。

2002 年，郭继艳专门讨论了云南滇西和滇西北地区的石构墓葬，在一定程度上弥补了以往对这一区域研究的不足。文章据随葬品特点，墓葬构筑方式和葬式，分为元谋区、祥云区和中甸区。元谋区时代最早，约当中原的夏商时期，文化内涵与当地新石器晚期文化密切相关，这种石构墓葬还向北扩展至金沙江以北。祥云区时代在战国晚期至西汉中期，是当地青铜文化的组成部分，其墓制受元谋区的影响，而随葬品中有滇文化因素。中甸区约在春秋至西汉中期，文化特征接近川西高原石构墓葬，与之属同一系统，而出土铜器又与滇西土坑墓有较多共同点。文章着重指出，这三个区域代表的是三种不同文化类型，强调了它们之间的差异性。郭氏从石构墓葬内部文化特征的不同，进行较为综合详细地分区考察，把对金沙江中游石构墓葬的研究引向深入，使我们能更为准确地把握云南地区石构墓葬的一些特征。但是不同类型石构墓葬的演变过程、墓制形态、文化源流及其相互关系等方面的分析，仍未免显得粗略。2002 年，周志清的文章就洱海地区石构墓葬的墓葬形制、葬式、文化内涵；与当地新石器文化、青铜文化的关系，族属；及其所处的社会经济形态，作了较为全面的分析。这是在分区研究中更为细化的体现。文章也存在前述的一些问题，往往敷于陈旧之说。

2007 年，江章华在讨论安宁河流域考古学文化源流问题时，也对大石墓作了笼统的分期，提出Ⅰ类大石墓和Ⅱ类大石墓之间的演变关系。① 随后，罗二虎先生又对金沙江中下游石构墓葬的文化类型和时代作了系统分析。② 他大致分为大墩子文化、尔巴克苦类型、石洞山类型和老龙头类型，并着重分析了大墩子文化和石洞山类型石构墓葬的形态、随葬品和年代关系，对金沙江

① 江章华：《安宁河流域考古学文化试析》，载《四川文物》2007 年第 5 期。

② 罗二虎：《文化与生态、社会、族群：川滇青藏民族走廊石棺葬研究》，第 184—232 页，科学出版社，2012 年。

中游的滇北区石构墓葬的发展演变提出了新的理解，具有很强的启示性。但罗氏的分类未能全面反映金沙江中游地区石构墓葬的特征和演变关系，比如对大石墓几无涉及，而其分出的大墩子文化和石洞山类型石构墓葬实质上是同一区域内前后发展的不同阶段的形态，罗氏并未对此引起关注。至于所谓“老龙头类型”，就其墓葬形态而言，并不是石构墓葬，而是土坑石盖墓，故不宜归入石棺葬系统来讨论。

由于石构墓葬之间缺乏打破关系，随葬品较单一，器物形态变化不明显，加上研究者未有明确的分区标准（只按河流分布大致划分区域），过于在乎陶器（陶器在一些重要墓葬中不常出现，有的墓葬即使出土陶器，也是寥寥无几），故分区分期显得粗略，一般只能划分时代早晚或大致年代范围。在整个金沙江流域，从新石器时代至青铜时代，考古学文化的时空框架远未建立，C^{14}测年数据不仅未能组成一个具有早晚关系的数据序列，而且其可靠性常被研究者质疑。① 因此，石构墓葬的分区分期中存在的一些问题，不可能在短期内得到彻底解决。

三、石构墓葬的文化渊源

这一问题备受关注，主要有两种相反的观点。

一种认为，金沙江流域石构墓葬与我国西北地区和川西高原的石构墓葬有密切关系，是从北往南，由西向东长期的文化传播和民族迁徙的结果，其主要依据是墓葬形制及随葬品中的陶器（双耳罐、单耳罐）和部分青铜器（剑、戈）具有相似性，同时也承认其对土著文化的吸收，这一观点颇为流行。

童恩正在讨论金沙江流域战国至秦汉石构墓葬后，与西北地区齐家文化进行比较得出：“如果从大的族系来讲，我们将石棺葬文化视为从北循康藏高

① a. ［法］米歇尔·皮拉左里：《滇文化的年代问题》，载《考古》1990 年第 1 期。
b. 徐学书：《关于滇文化和滇西青铜文化年代的再探讨》，载《考古》1999 年第 5 期。
两文据出土铜器和陶器的类型学分析，对云南青铜文化的 C^{14} 数据提出了质疑。徐氏把以石寨山墓地为代表的滇文化分为四期（Ⅰ－Ⅳ），年代为西汉早期至东汉初，又把以楚雄万家坝墓地为代表的滇西青铜文化也分为四期，各期与滇文化相当。徐氏对云南青铜文化上限年代的判断是相当晚近的，与过去认为云南青铜文化最先出现在滇西地区，可早至西周晚期至春秋的观点，产生了重大分歧。米歇尔氏对青铜器纹饰通过严谨详细的形态学比较，得出滇文化的年代介于公元前 250 年至公元 50 年之间，否定了其 C^{14} 数据。

原东端横断山脉的河谷南下的氐羌民族的文化，可能不致大误。”[①] 汪宁生认为，滇西北石构墓葬中出土的安福拉式陶器是齐家文化的典型器物，弧背刀是北方草原文化的常见器物。[②]

李昆声认为，在新石器时代云南正值我国西北与东南两大文化区域相交地带，滇中、滇西和滇西北地区的新石器文化显然与黄河中上游的仰韶文化和齐家文化有关。它们通过横断山区河谷通道，由北向南形成氐羌民族对云南地区的广泛影响。[③]

木基元也认为，“金沙江河谷的石棺葬文化的主要内涵渊源于西北地区的文化”，“青海、四川交界线上的横断山脉河谷，历来是南北民族通行的走廊”，“羌人就是沿着这条走廊迁徙”，“石棺墓是文化交流的实物证据”。[④] 刘弘在前面提及的文章中也明确指出，A 亚区与甘青地区在陶器上有较为明显的共同因素，A 亚区的文化是以北来的甘青古代文化为主体的一种文化，其形成当与甘青古代民族迁徙有关。具体是：青海的单錾耳、大双錾耳陶器最先沿金沙江澜沧江上游（A 亚区西部双江并流河谷区）南下，而 A 亚区东部的岷江上游则最早受到甘肃马家窑彩陶文化的影响，未见带耳器。其后 A 亚区西部的带耳器文化因素逐渐东移，至战国西汉达到岷江上游和青衣江上游。[⑤]

徐学书指出：金沙江中游新石器文化中的“大墩子类型”和“礼州类型”为西北甘青地区氐羌民族南迁带来的文化遗存。大墩子类型中的石棺葬文化是以南迁的岷江上游石棺葬文化为主体，吸收滇西“白羊村类型”等土著文化后形成的，并成为滇西早期青铜文化的源头之一。“礼州类型”则为安宁河大石墓文化源头之一。[⑥]

亚当·史密思以漩涡纹双大耳罐（本书称螺旋纹双耳罐）、单耳罐、T 字形剑、山字纹剑、曲内戈和石板结构的长方形墓室为石棺葬文化的共同特征，

---

① 童恩正：《近年来中国西南民族地区战国秦汉时代的考古发现及其研究》，见《中国西南民族考古论文集》，第 156 页，文物出版社，1990 年。

② 汪宁生：《云南考古》，第 79—81 页，云南人民出版社，1992 年。

③ 李昆生：《云南考古学论集》 云南人民出版社，1998 年。此观点在书中多篇文章里出现。

④ 木基元：《滇西北金沙江河谷石棺葬文化初探》，载《东南文化》1995 年第 2 期。

⑤ 刘弘：《“西南夷”陶器及相关问题的研究》，载《四川考古论文集》，第 153—170 页，文物出版社，1996 年。

⑥ 徐学书：《由石棺葬遗存谈对金沙江中游新石器时代文化的再认识》，载《中华文化论坛》（金沙江文化专号）2002 年第 2 期。

并以岷江上游的石构墓葬作为这种文化的典型。把川西藏东、滇西北、川西南地区凡发现有8式双耳罐（即他所谓的漩涡纹双大耳罐）地点的石构墓葬和土坑墓，都作为其所谓石棺葬文化的分布范围和组成部分。①

另一种观点认为，金沙江中游各区域石构墓葬各有起源，主要与当地新石器时代晚期文化和自然环境密切相关，同时也受外来文化影响。刘世旭和罗开玉在前面提及的相关文章中指出，川西南的大石墓与以礼州遗址为代表的新石器晚期文化有直接关系，是在此基础上形成的，同时还与大石崇拜、当地多地震有关。

江章华在前面提及的相关文章中结合最新的考古发现，更进一步地分析了安宁河流域从大约距今4500年至东汉早期的考古学文化大致经历了三个大的阶段，土著文化因素长期传承发展，但也强调指出齐家文化和滇西北地区的青铜文化等外来文化因素的不断影响，甚至不排除有外来族群的迁入。大石墓文化正是土著的横栏山文化与外来齐家文化融合发展的产物，先是Ⅰ类大石墓，在其发展过程中，又受到从滇西北区来的新的外来文化的影响，从而形成Ⅱ类大石墓。江氏的分析是建立在考古学材料基础上的，论证严谨，看法比较中肯，有利于对安宁河流域大石墓文化的探索。

郭继艳、周志清等人认为滇西地区的石构墓葬由当地新石器晚期文化的大墩子类型和白羊村类型发展而来，而滇西北地区石构墓葬则与川西高原同属一个系统。近年来，在滇北、滇西北不断有新石器时代晚期遗址和石构墓葬发现。木基元研究认为，滇西北区域的丽江大具石构墓葬与元谋大墩子石构墓葬较一致，并指出“不排除居于金沙江中游的文化逆江而上传播的可能性”②。

虽然各研究者都对考古材料作过一番分析比较，但他们并未对石构墓葬进行综合的分区分期考察和文化因素分析，而只是简单地横向对比后得出结论。

① 亚当·史密思：《川西、滇西北、藏东地区石棺葬文化研究》，北京大学考古文博学院2001年硕士学位论文打印稿。作者这样处理不同区域不同类型的相关遗存未免简单化。笔者注意到，他在讨论川西藏东地区甘孜吉里龙的材料时，把这里石构墓葬中出土的双耳罐分为A、B两类。A类即就是他所谓的8式双耳罐及其更早的形态，B类为当地特有（陈祖军称A类为折腹双耳罐，称B类为球形腹双耳罐）。现在有一个问题是，作者为什么只把A类双耳罐作为石棺葬文化的典型器，而把B类双耳罐只作为地方特征器物？这难道是因为B类双耳罐被发现认识晚的缘故吗？

② 木基元：《丽江金沙江的考古发现与研究》，载《中华文化论坛》（金沙江文化专号）2002年第2期。

四、石构墓葬族属问题

主要是结合考古发现和古文献作大致推定。民族学界和考古学界都从各自的角度进行了探讨，但并未有一致认识，争论很大（见表一）。这一方面在于个人对资料的理解把握程度不一，另一方面在于资料本身的缺陷。就目前的发现，要确切判定各区域石构墓葬的族属还有很多问题和困难。

表一　金沙江中游石构墓葬族属表

研究者 / 族属（系） / 地域	童恩正	汪宁生	张增祺	尤中	宋治民
安宁河、雅砻江流域	石板墓：濮族的一支，与邛都有密切关系；大石墓：濮人的一支，为邛都	属椎结濮人中的邛都夷	属孟高棉语族的濮人的一支	氐羌中的邛都和叟人	邛都夷
滇北地区	濮人的一支，为“靡莫之属”	濮人的一支，为“靡莫之属”	洱海地区土著“斯榆”	氐羌中的僰、叟	氐羌中的巂、昆明
滇西北地区	白狼、槃木	属编发的氐羌中的昆明、巂	羌人中的白狼摩沙	氐羌中的昆明人	氐羌族系
滇池地区	滇人，属南方系统的濮人	滇人，属濮人的一支	滇人，属百越族系	氐羌中的僰	靡莫中的一支

五、从“金沙江文化”高度俯视石构墓葬

1995 年，刘弘、李安民提出“金沙江文化”这一概念，把其特点概括为：文化基本构成的二元性，文化的多元性，文化的融合性。① 李安民后来又详细论述了地理环境、民族迁徙、文化交流对这种金沙江文化发生发展的意义，指出它们“是金沙江文化理论构建的重要基石，研究这三个问题，对从整体上宏观上把握金沙江文化至关重要”②。在此基础上，段渝提出，金沙江文化是一种流域文化，具有整合性与非整合性的流域形态特征。③ 他所谓整合

① 刘弘、李安民：《长江文化不可缺少的一环——试论金沙江文化》，载《长江文化论集》（第一辑）1995 年。

② 李安民：《地理环境·民族迁徙·文化交流——再论金沙江文化》，载《中华文化论坛》（金沙江文化专号）2002 年第 2 期。

③ 段渝：《论金沙江文化与文化的起源》，载《中华文化论坛》（金沙江文化专号）2002 年第 2 期。

性，是就民族迁徙和文化交流角度而言，指因迁徙或交流在局部区域的多个文化之间，形成一定程度的相似性。所谓非整合性，是就自然环境角度而言，指在小生态环境下发生的既不连续分布又无连续演变的多样性。这些理论性概括是通过对包括石构墓葬在内的各区域各种遗存综合分析的基础上形成的，反过来又无疑会对石构墓葬的深入探讨产生重要影响。

六、存在的主要问题

（1）对石构墓葬尚未做出合理的分类界定，在名称上混乱不堪。

（2）在分区上多无异议，但对各区石构墓葬的年代判定和发展的阶段特征的分析比较粗略，分歧较大。

（3）在研究方法上，对考古类型学的运用有失严谨，进行文化因素分析时，流于简单的比附，没有对所有的材料进行全面综合的类型学分析，使得随之而来的文化关系、源流、族属等的讨论显得随意而粗糙。

为此，本书将在前人基础上，运用考古地层学和类型学进行分区分期研究。运用文化因素分析法，对石构墓葬的形制、葬式、随葬品作分类比较，并与土坑墓、居址作对比分析，探讨其演变规律、文化属性、源流及其与相关考古遗存的关系。尽可能弄清金沙江中游石构墓葬的年代关系、演变规律、文化特性以及它的源流，并对墓葬的构筑方式、葬式、随葬品构成进行深入解析，以对其所包含的文化内涵得出较为确切的结论。通过文化因素对比分析，着重探讨青铜时代金沙江中游石构墓葬同与之并存的土坑墓的关系和性质，及其与川西藏东地区石构墓葬的文化关系和性质。

类型学：或称为标型学、器物形态学，它是通过对考古遗存的形态排比，以探求其变化规律，逻辑发展序列和相互时空关系，是考古学的基本方法。

考古类型学排比的遗存必须在质地、用途和形态上相同或相似，可以进行排比的遗存包括考古发现的居址、墓葬、灰坑、窖藏，也可以是某类器物，通过排比，以确定遗存的相对年代并进行遗址和文化的分期；探讨同一谱系考古学文化特征的产生发展消亡的过程及其原因；研究不同谱系考古学诸文化之间的异同和相互关系，从而探讨文化关系和交流；研究生产技术、工艺的发展过程，从而了解社会生产状况和社会关系。最终目的在于寻求遗存发展变化的内部逻辑关系和原因。

文化因素分析法：自人类社会产生以来，随着人类自身和文化的发展、人口的增加和征服自然能力的不断提高，人类活动范围日益扩大，文化内部的分化发展越加明显，不同群体和文化之间的文化交流日益频繁。表现在考古遗存上，就是不同类型规模的文化共同体往往由不同来源的多种文化因素构成。这就是文化因素分析法产生的前提。文化因素分析法是80年代初由北京大学李伯谦先生明确提出来的，是考古学文化研究中经常使用的一种科学方法，对确定考古遗存的文化性质和研究区域间文化联系方面有独特作用，是类型学研究的提升，是考古学基本方法之一。

第二章　金沙江中游石构墓葬的分区与分期

第一节　金沙江中游石构墓葬的分布及特征

一、金沙江中游自然地理特征

金沙江中游石构墓葬分布及特征与当地自然地理环境有很大关系，这里先对其作简述。本区域地理范围为东经 99°23′—103°26′，北纬 24°29′—29°15′之间，是横断山区向云贵高原的过渡带，海拔 4500—1500 米。

（一）地貌特征（图一）①

1. 山脉呈不连续南北向带状排列，河流顺山势蜿蜒向南或向北，注入东北而来的金沙江。河流、盆地和山脉走向基本一致，也呈不连续南北向带状排列。这种不连续带状地貌格局与新地质构造运动有密切关系。

2. 地貌垂直层状分布，从上而下大致可分四层：

（1）山岭：突出于高原面以上，由高山、极高山组成，海拔在 4000 米以上，坡陡，气温常年偏低，不宜开垦和居住。

（2）高原面：经长期剥蚀夷平作用形成的原始准平原面，或经新构造运动抬升形成目前的夷平面，表现为山丘或波状起伏的山顶面或齐一的峰顶面。本区仅在丽江附近（3000 米），剑川附近（2800—3000 米），大理盆地东面（2400—2700 米）残留小部分丘状高原面，它们具有分水岭和跨流域意义。高原面不在早期人类活动范围内。

（3）剥蚀面：局部剥蚀夷平的地面，位于高原面之下的山坡带，沿河谷两侧和盆地周围分布，有的成为河谷谷肩。剥蚀面分布零星，高度变化大，

---

① 本节图和内容主要参考李炳元、王富葆：《滇西北、川西南地区地貌的基本特征》载《青藏高原研究——横断山区考察专集 2》，第 173—183 页，北京科学技术出版社，1986 年。

范围小。在河谷两侧和盆地周围平缓地带，海拔较低的剥蚀面上常有古代文化遗存发现。

（4）河谷带和盆地：是成层地貌中最低部分，包括河流、河漫滩和湖泊、湖溪平原以及阶地，呈不连续带状分布。这是古今人类活动的主要场所，尤其盆地与河流交汇地带是古文化最繁荣之地。如维西盆地（2200 米）、中甸盆地（3200 米）、丽江盆地（2380 米）、剑川盆地（2190 米）、洱海—大理盆地（2000 米）、永胜盆地（1800 米）、宾川盆地（1500 米）、西昌盆地（1500 米），有许多新石器时代至青铜时代的文化遗存。

3. 地貌组合上的区域差异

地貌组合由上述各地貌单元，即一系列峡谷、湖盆和中山、高原面、山岭相间组成，延绵不绝。自西向东，地面起伏越来越小，大小盆地镶嵌其间，大小河流南北穿行。根据大地貌轮廓和组合特点，可大致分为三个相对独立的地貌组合区。

（1）滇西北山原峡谷区：澜沧江以东，丽江、永胜盆地以北，盐源盆地以西，包括滇西北和川西南西部青藏高原向云贵高原的过渡地带。本区地貌由山岭、宽阔的高原面和深切的峡谷组成，地面起伏大，海拔 2000 至 4000 米不等。

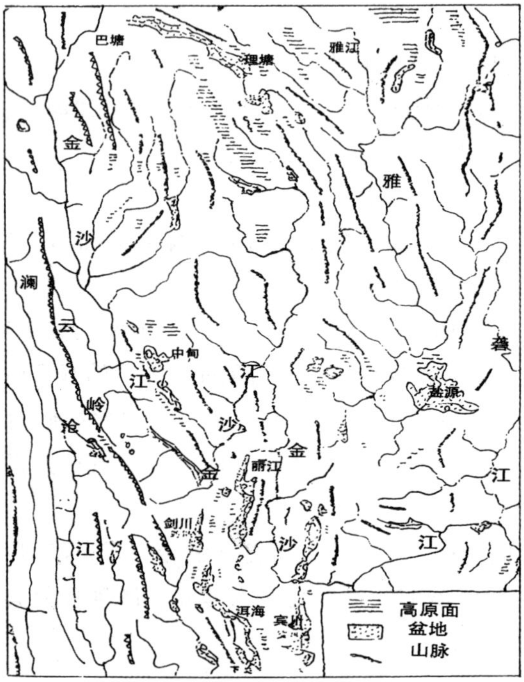

图一　金沙江中游地貌概略

（2）滇北湖盆山原区：洱海以东的滇北地区，包括今大理和楚雄，属云贵高原。由一系列湖盆和中山、高原面组成，地势平缓，多坝子，气候温和，日照充足，少雨干旱，季节变化不明显。湖盆大多未被现代河流切割，盆地之中往往保留有湖泊，如洱海、程海、泸沽湖等。

（3）川西南安宁河湖盆山原区：总体特征与滇北湖盆山原区相同。但其西、北、东三面分别被锦屏山、贡嘎山、大小相岭、大渡河、大小凉山等包围，南面又受金沙江阻挡，从而形成一个十分独立闭塞的自然区域。

（二）气候特征

该地区气候特征，主要由其地貌特征决定，所处经纬度对其影响不大，概而言之，有以下特征：

（1）垂直立体气候分布明显，海拔越高气温越低，河谷坝区温热，半山区温凉，高山区寒冷。

（2）干湿季分明，冬干夏凉，冬长夏短，春寒秋凉，年温差小，日温差大。

（3）皆处于季风气候带，但因地形北高南低，西高东低，从南往北，被分割为中亚热带季风气候带，中亚热带高原气候带，热带稀树草原气候带，北亚热带高原季风气候带，寒冷带高原山地季风气候带等大大小小的气候带。

另外，在自然资源方面，铜、铁、铅、锌分布广，含量丰富。植物种类繁多，覆盖率高。动物种类多，分布广。对金沙江中游自然地理特征与石构墓葬之关系，本书将在第四章分析文化生态与文化变迁时作重点解释。

二、墓葬分布及特征

在早期的历史进程中，人类对自然地理环境的依赖十分明显，金沙江流域更是如此。由上述可知，其复杂多样的地貌和气候对区域内早期人类活动产生了极其深刻的影响。人们的生产生活长期局限于小生态环境，即由一系列河谷、湖泊盆地和中山、高原面、山岭相间组成的非连续带状单元，其间千山万水重重阻隔，只能依赖相对有限的自然资源和低下的生产力水平，维系其简单的社会分工和组织结构。这就使得这一时期考古学遗存的发展面貌、相互关系、文化内涵等方面具有鲜明特点。就石构墓葬而言，有以下特征（图二）。

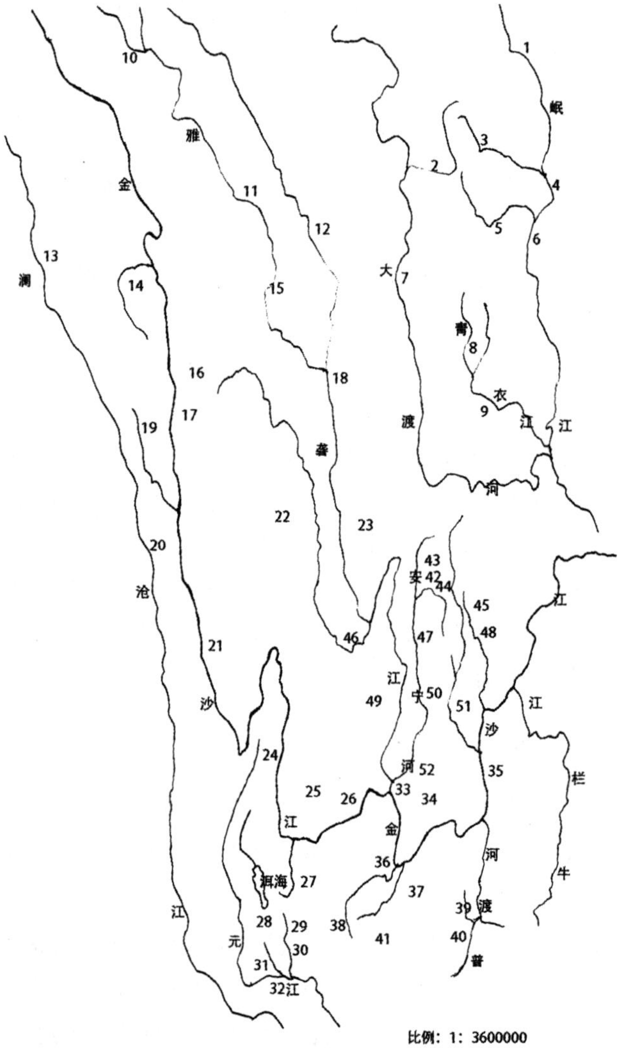

图二　西南地区石构墓葬三大分布区域

1 松潘　2 马尔康　3 黑水　4 茂县　5 理县　6 汶川　7 丹巴　8 宝兴　9 荥经　10 石渠　11 甘孜　12 炉霍　13 昌都　14 贡觉　15 新龙　16 义敦　17 巴塘　18 雅江　19 芒康　20 德钦　21 中甸　22 稻城　23 九龙　24 丽江　25 永胜　26 华坪　27 宾川　28 大理　29 祥云　30 弥渡　31 巍山　32 南涧　33 盐边　34 会理　35 巧家　36 永仁　37 元谋　38 姚安　39 武定　40 禄劝　41 牟定　42 冕宁　43 越西　44 喜德　45 美姑　46 木里　47 西昌　48 昭觉　49 盐源　50 德昌　51 普格　52 米易

（1）从整个西南地区看，从新石器时代晚期至青铜时代晚期，形成了一个以石构墓葬为特色的文化区，金沙江中游、川西藏东地区和岷江上游地区是三个大的分布区域。

（2）从本区域看，石构墓葬集中分布于金沙江及其支流的河谷、盆地及其周缘或缓坡地带，这种分布特征正是上述自然地理环境的产物。滇西北区石构墓葬顺澜沧江，金沙江及支流河谷分布，而滇北区和川西南区石构墓葬则在河谷、盆地及其周缘或缓坡地带均有分布（图三）。

（3）从小区域看，大范围内相对分散不连续，小范围内相对集中。在滇西北区域和滇北区域，石构墓葬和土坑墓毗邻共存，错落无致（图三）。

（4）从垂直分布看，石构墓葬所处海拔从3000—1200米不等，滇西北区域石构墓葬在海拔3000—1200米之间，滇北区域石构墓葬在1600—1300米之间，川西南区域石构墓葬在2600—1400米之间。在同一区域内大致是时代越晚者，海拔越高。海拔高度的不同，在一定程度上影响着人们的生产生活方式和观念，从而导致了墓葬形制、种类、大小、随葬品等方面的变化。

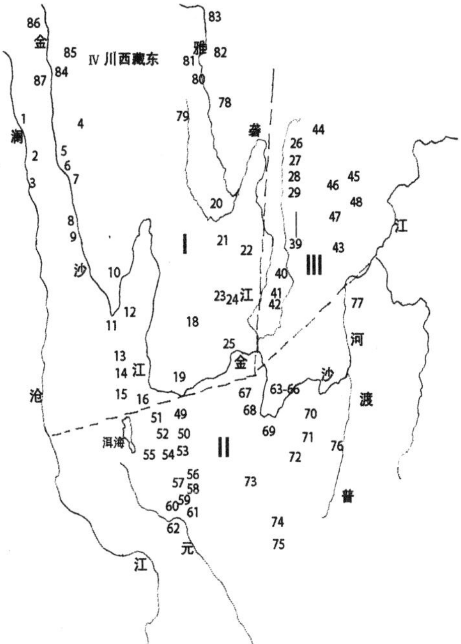

图三 金沙江中游石构墓葬和土坑墓分布图

图例：○石构墓葬□土坑墓Ⅰ滇西北区Ⅱ滇北区Ⅲ川西南区
1○德钦佛山 2○□德钦云岭 3○□德钦燕门 4○中甸东旺 5○中甸奔子栏 6○中甸辖多 7○中甸尼西 8○中甸塔城 9○丽江巨甸 10○中甸虎跳峡 11○丽江石鼓 12 丽江长水 13□剑川沙溪 14□洱源北山 15□洱源金岛 16□鹤庆黄坪 17□宁蒗大兴 18□永胜金官 19○永胜涛源 20○木里麦地隆 21□盐源双河 22□盐源干海 23○华坪永兴 24○攀枝花渔门 31○西昌天王山 32○西昌北山 33○西昌西郊 34○西昌小花山 35○西昌黄水塘 36○西昌坝河 37○西昌河西 38○西昌经久 39○西昌黄水 40○德昌果园 41○米易挂榜 42○米易弯丘 43○普格小兴场 44○越西 45○美姑 46○昭觉比尔 47○昭觉四开 48○昭觉竹核 49○宾川平川 50○宾川古底 51○宾川力角 52○宾川红土坡 53○宾川太和 54□宾川宾居 55○大理海东 56○祥云禾甸 57○祥云红土坡 58□祥云大波那 59○弥渡五一 60○巍山 61○弥渡苴力 62○南涧 63○□会理黎溪 64○□会理河口 65○会理普隆 66○□会理新安 67○永仁维的 68○永仁永定 69○元谋物贸 70○武定万德 71○武定田心 72○元谋大敦子 73○姚安黄牛山 74□楚雄张家屯 75□楚雄万家坝 76○禄劝阿巧 77○巧家小东门 78○九龙 79○稻城 80○雅江 81○新龙 82○炉霍 83○甘孜 84○□巴塘 85○义敦 86○贡觉 87○芒康

以下以安宁河流域石构墓葬为例加以说明。安宁河干流全长 351 公里，由北而南流，经川西南地区的冕宁县、西昌市、德昌县、米易县，至攀枝花市桐子林附近与雅砻江会合后流入金沙江。安宁河流域处于川西南山地之中，地势北高南低，间夹宽缓的河谷平原和山间盆地，形成一个槽型谷地。石构墓葬主要分布在冕宁漫水湾至德昌茨达一带，属安宁河流域干流及支流的二半山区、河谷平原或山间谷地，在中高山区则未发现。这一带墓葬总数共 172 座，占总数 232 座的 74%。就整个分布而言，河谷平原一、二、三级台地共有墓群 30 处 140 座，占总数 45 处的 66.7%，总墓数 232 座的 60.3%；山坡地共 8 处 45 座，分别占 17.7% 和 19.4%；山间谷地共 5 处 16 座，分别占 11.1% 和 6.9%；浅山山顶和冲积扇仅有极个别分布。就墓地而言，一个墓地墓葬个体数多在 2—7 座不等，占墓群总数的 86.7%，10 座以上的很少，最多的一处仅有 14 座。①

---

①　四川省文物考古研究院、凉山彝族自治州博物馆、西昌市文物管理所编著：《安宁河流域大石墓》第 1—11 页，文物出版社，2006 年。书中文字叙述与图一所示的石构墓葬分布数量颇有出入。若按照图一有 81 个分布地点，若排除只有一座墓的 34 个地点，则有 47 处墓群，也与叙述的 45 处墓群不一致。总墓葬数图中所示为 232 座，与文字叙述则正好一致。

第二节　分区与分期

根据前述金沙江中游自然地理特征和石构墓葬的分布及特征，结合各类石构墓葬随葬品基本面貌和墓制的不同，可将其大致分为滇西北区、滇北区、川西南区三个文化区（图三）。

在各区石构墓葬出土遗物中，陶器数量种类不多，器形单一，形态演化不明显，仅有平底罐、双耳罐、单耳罐、带嘴壶几种。铜器数量种类虽较多，有山字纹剑、尖叶锄、钺、铃等，但都不具有明确演化关系。这些器物都只在局部区域某个时段存在，尚未形成典型器物和器物组合的演变序列，即它们还不具有普遍的分期意义。所以，无法作细致的分期工作，只能大致确认一个早晚关系。另外，整个区域尚未建立可供参考的文化分期体系。鉴于以上情况，本书试图采用以下原则进行分期断代，其要点有三：

第一，在三个区域内，新石器时代晚期文化和青铜文化都有各自的分布区域，各区域主要文化因素在其邻近区域有或多或少发现，这些共有文化因素主要包括陶平底罐、双耳罐、单耳罐、带嘴壶、圈足罐和铜山字纹剑、曲柄剑、矛、尖叶锄、钺、铃、铁器、钱币等。它们一方面如前所述，并非完全意义上的典型器，也非器物组合关系，而是局部区域某个时段的特征器物；另一方面，又有一定的时空性，因而对于石构墓葬的分区分期、演变规律、相互关系等的探讨具有特定意义。

第二，青铜时代的石构墓葬与土坑墓交错并存，且随葬品内涵基本一致，都或多或少有上述器物出土。这样，对其进行对比分析，实质上就是在石构墓葬内部和石构墓葬与土坑墓之间寻找时间早晚关系和文化联系，这就把石构墓葬分期建立在更为广泛的区域文化分期基础上，从而增强其可信度。

第三，因材料局限，不能拘泥于墓地内部和较小区域内的分期，也不能仅仅以陶器作为分期标准，应根据不同区域不同时代的演变情况，寻求各区域合理的分期方案。

一、滇西北区

滇西北区大致包括现云南迪庆、丽江地区和与之邻近的属于四川凉山地区的盐源、木里、盐边等地。石构墓葬在金沙江、澜沧江中游沿河谷地带分布，在雅砻江下游主要分布在盆地中。北至东旺河（金沙江支流），西以澜沧江为界，经中甸礼仁、新建、虎跳峡、江边，顺江而下，至丽江古渡、格子、红岩、石鼓、桃花、大具、长水，再东移至永胜涛源、河口，木里，盐源，华坪湾潭。墓葬成群密集分布，很少有打破关系（图三，Ⅰ）。本区仅在1974年、1977年、1988年、1997年作过四次发掘，共清理70余座墓，且都限于迪庆境内，丽江地区只作过多次调查，至今未正式发掘。可分南部和北部两个小区。

（一）北部小区

本小区大致为金沙江和澜沧江并流区域，分3期。

1期：以中甸尼西43座墓为代表。①

均分布在金沙江一小支流西岸的向阳山坡上，海拔2600—2200米，坡度在10—60度，因地形限制，排列不太规整，墓距多在2米之内。只有13座墓有随葬品20件。陶器为夹砂黑褐或红褐色，火候不均，颜色驳杂。器壁较薄，表面磨光，素面。计有双耳罐8件，单耳罐2件，陶纺轮1件，铜器仅有2件无格短剑。另外还有骨片、绿松石管珠、海贝（图四）。原报告把8件双耳罐分为两个型，又在各型下分若干亚型（即文中所谓式），但其线图并不能反映这样的型式之别，故不足为据。

---

① 云南省文物考古研究所：《云南中甸的石棺葬》，载《云南文物》1993年总第36期。又见《考古》2005年第4期。

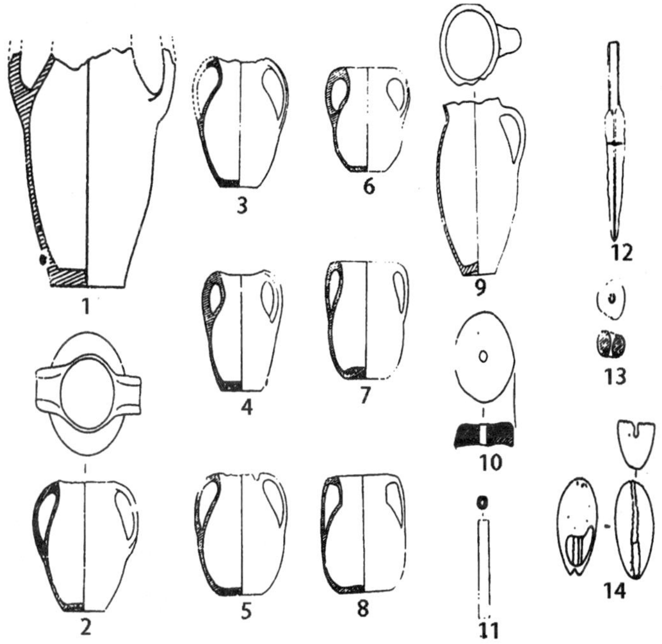

图四　滇西北区中甸尼西石构墓葬出土器物（比例不一）

1. 克 M6：1，2. 克 M10：1，3. 克 M1：1，4. 克 M5：1，5. 布 M9：1，6. 布 M2：1，7. 布 M3：1，8. 布 M7：1，9. 布 M02：1，10. 克 M01，11. 布 M5：4，12. 布 M1：1，13. 布 M5：3，14. 布 M5：1（克，中甸尼西克乡，布：中甸尼西布独。11、13 为绿松石，12 为铜器，14 为海贝，余为陶器。）

2 期：以德钦纳古 24 座墓为代表。①

位于澜沧江东岸，高出江面百余米，海拔 2270 米，墓葬沿山腰一字排列。共清理 24 座（正文只说有 23 座，而墓葬统计表中则有 24 座），墓葬形制较规整。只有一例打破关系：即 M11 打破 M12，但 M11 无随葬品。24 座墓中有 17 座墓出土器物，较 1 期比例增加，每墓随葬品多寡悬殊，少者仅一两件，占墓葬的多数，多者十余件至数十件。陶器有夹砂和泥质两种，器类为双耳罐和单耳罐两种。20 件双耳罐均泥质，部分器物表面施黑衣，火候不均，部分耳上和肩部饰有刻划纹、剔点纹、平行纹、菱形纹，这较 1 期变化明显。

① 云南省博物馆文物工作队：《云南德钦县纳古石棺葬》，载《考古》1983 年第 3 期。

单耳罐仅 2 件，为夹砂灰褐陶，厚胎，火候低，制作粗糙。铜器种类增多，有曲柄剑、矛、镯和圆形饰牌，同时还有石镞、海贝、绿松石等。另外，在发掘地点还采集到属于石构墓葬的一件陶罐，一件矛和一件双圆饼短剑（图五）。

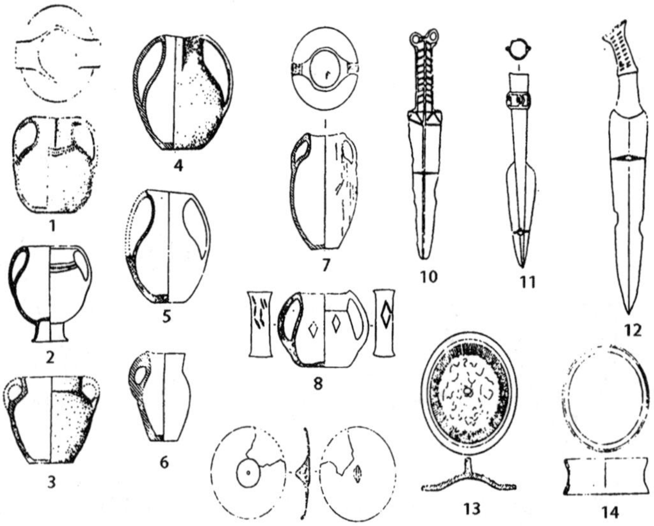

图五　滇西北区德钦纳古石构墓葬出土器物（比例不一）

1. M10：1，2. M14：1，3. M18：2，4. M17：2，5. M9：1，6. M15：2，7. M6：3，8. M12：1，9. M6：2，10. 采 2，11. 采 3，12. M22：3，13. M8：2，14. M16：4（1－8 为陶器，余为铜器）

3 期：以德钦永芝石构墓葬为代表。①

位于澜沧江西边一支流上，为太子雪山峡谷的坡地，海拔 3000 米左右。墓葬分布较分散，多选择在天然石缝中，顺石缝形状砌成墓坑，故多不规整。该地除石构墓葬外，还有少量长方形竖穴土坑墓。

共清理 3 座墓，两座石构墓葬，一座土坑墓，石构墓葬已不完整，无随葬品，骨架朽成碎片。土坑墓基本完整，随葬品有一把山字纹剑和 3 件陶器以及穿孔银饰。石构墓葬内虽未正式出土器物，但在墓区内采集到一些有明

① 云南省博物馆文物工作队：《云南德钦永芝发现的古墓群》，载《考古》1975 年第 4 期。

确出土地点的器物，可以肯定这些采集品至少有一部分出自石构墓葬；又由于这批采集品的形制特征与土坑墓正式出土同类器物接近，因此可以进一步肯定这里的土坑墓和石构墓葬为同一群人的同一时段的遗存。石构墓葬内填土和土坑墓内填土接近也能反映这一点（报告指出此地石构墓葬砌造简陋，似无盖板，故为填土）。这样，把出土器物和采集品放在一起讨论是可行的，也能够大致确认该墓地石构墓葬的文化面貌和时代。

出土的陶器 9 件，均为夹砂灰陶，手制，颈腹部多有点划纹饰。器类有单耳罐 5 件、三耳罐 1 件、单耳带流罐 1 件，无耳平底罐 2 件，无双耳罐。陶器多单耳罐无双耳罐，可能与发现的局限有关，纹饰风格上与 2 期有相似之处，皆是在板耳上或颈腹部饰带状刻划纹，板耳在口沿部位突起，但同时又新出现带流罐、三耳罐、无耳罐和螺旋纹，这表明二者时代较为接近，只是后者稍晚。铜器共 13 件，较 2 期明显增多，但与之差异大。有山字纹螺旋纹柄剑、丫字纹剑、矛、弧背刀、镯、戈形器、饰牌、泡饰（图六）。

另据迪庆藏族自治州文管所所长李钢面告，在尼西稍靠北的另一条金沙江支流东旺河河谷，1997 年调查发现了 24 个地点，并在其中被严重破坏的比虾、优奔两个地点发掘了 11 座，只出土了 24 件石镞和 1 件双耳罐。笔者在迪庆州文管所初步观察，双耳罐已有螺旋纹，估计与德钦永芝时代相距不远。

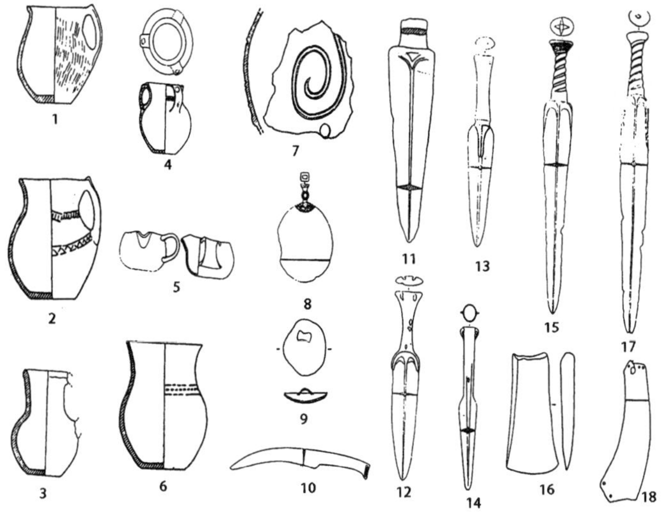

图六　滇西北区德钦永芝石构墓葬和部分土坑墓出土器物（比例不一）

1.07，2.014，3. M2：5，4.015，5.016，6.019，7. 腹部残片，8.06，9.013，10.05，11.012，12.07，13.02，14.0315.08，16.04，17. M2：7，18. M2：1（1－7为陶器，18为银器，余为铜器，加0者为采集品）

4期：德钦石底土坑墓①

位于澜沧江东岸山坡上，距属3期的德钦永芝石构墓葬仅30公里。虽然发掘的是两座土坑墓，但遗物与永芝石构墓葬出土同类器物相近，可以肯定二者不仅属于同一文化系统，且时代也相距不远，所以把其放在这里一起讨论，将有助于对整个滇西北区域石构墓葬的分期。

两座土坑墓共出土陶器6件，无铜器，另外还收集到该地点曾发现的15件器物，根据出土和收集的陶器形制基本一致推断它们应为同时代遗物。陶器有双耳罐、单耳罐、无耳罐三种，与3期比较，板耳在口沿部位突起更明显，肩腹部纹饰更为精细，出现了几何形纹样，口部椭圆程度加深，口至肩部对称的两条突棱也变得明显。这些特征都表明其时代比3期要晚。铜器皆采集品，有山字纹剑，镦、矛、刀、杖头饰、圆形扣饰、杯、碗和双耳罐模型，种类比3期丰富。仅有山字纹剑与3期有联系（图七）。

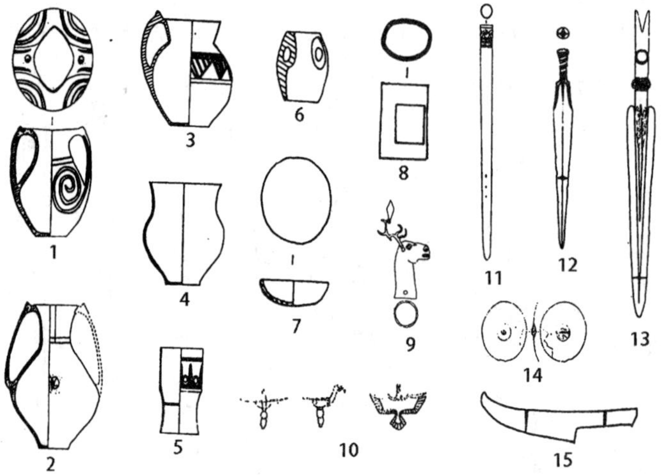

图七　滇西北区德钦石底土坑墓（C类）出土器物（比例不一）

① 云南省博物馆文物工作队：《云南德钦石底古墓》，载《考古》1983年第3期，又见《云南文物》1982年总第12期。

1.014，2.015，3.M1 ：2，4.M2 ：1，5.010，6.09，7.07，8.08，9.05，10.06，11.04，12.013，14.02，15.011（1－4为陶器，余为铜器，加0者为采集品）

（二）南部小区

本小区仅是零星调查材料，基本情况如下（表二），据此可大概分早晚两期。

表二　滇西北区南部小区石构墓葬调查情况统计表

发现时间	地点	位置及海拔	文化面貌
1983、10	丽江大具坝营盘村、白麦金村	位于丽江城北88公里处的金沙江缓坡台地上 海拔1800米	营盘村清理1座残墓，采集柳叶形尖状石镞1枚；白麦金村采集到陶罐、铜矛、钺和铁镞。墓室由若干石板构成，有盖无底，墓室长100、宽深均40厘米。通常为单人葬，也有多人葬。（木基元：《丽江金沙江河谷石棺葬初探》，载《云南民族学院学报》1986年第1期；《丽江金沙江地区的考古发现与研究》，载《中华文化论坛》（金沙江文化专号）2002年第2期）
1983、10 1984、9 1988、4 1991、2 共四次	丽江石鼓镇格子、四兴村等处	丽江石鼓至巨甸70公里狭长河谷台地上有密集分布的石构墓葬群，格子处于这一狭长地带的中心位置。 海拔1800米	清理3座残墓，有盖无底，头向山脚朝江。一座无陶器，只有青铜矛1件、镯1对、铃1对，另一座仅发现4件双耳罐及4枚海贝。其中夹砂灰陶2件，薄胎，表面打磨光滑，涂黑衣，耳腹部刻画两道水波纹，另两件为粗糙的泥质红陶。另外还发现有铜镞、铃、削、镜、镯。墓室一般长170—200、宽、深50—60厘米，有盖板无底板。墓葬间有叠压关系，约三四层。（出处同上）
1983 1984 两次	丽江红岩三仙姑	格子顺江南下约10公里处 海拔1800米	墓葬结构与格子相同。采集1把山字纹剑，通长32、2厘米，中线起脊，空心螺旋纹柄，椭圆形茎首。（出处同上）

续表

发现时间	地点	位置及海拔	文化面貌
1983	丽江坝长水马鞍山	位于丽江城西 4 公里处的马鞍山麓。这是目前唯一一处不临江的地点。海拔 2500 米	发掘 1 座残墓，仰身直肢葬。出土器物有 20 件无耳罐、单耳罐，质地有泥质红陶和夹砂灰陶两种，部分涂黑衣，薄胎，表面光滑。铜器有米点纹铜柄铁剑 1，铜环百十件、环首刀 1、镞 6、泡饰，12、马衔 1、车马饰件 6，共 140 余件。另有数十绿松石珠。墓室由完整的石板构成，长约 200、宽 60、深 40 厘米。（出处同上）
1990、2	华坪荣将湾潭	位于金沙江支流新庄河台地上。海拔 1100 米	仅发现少量碎陶片，墓室长 150—200、宽 40 厘米，四壁为规整石板砌筑，有底无盖。单人直肢葬。死者头向山岭。（木基元：《滇西北金沙江河谷石棺葬文化初探》，载《东南文化》，1995 年第 2 期）
1990、12	永胜涛源堆子地等处	位于金沙江台地海拔 1170 米	墓葬结构同于湾潭。石棺长 200、宽 125、高 65 厘米，有盖有底。发现少量双耳罐，无铜器。（木基元：《滇西北金沙江河谷石棺葬文化初探》，载《东南文化》，1995 年第 2 期
1984、9	永胜星湖河口乔地坪		清理 1 座，发现红铜器 1 件，陶纺轮 6 个，石镞 1 枚。墓室长 200 厘米。（木基元《丽江金沙江地区的考古发现与研究》，载《中华文化论坛》（金沙江文化专号），2002 年第 2 期）
1980 年代	木里、盐源境内		出土螺旋纹双耳罐、山字纹剑等（黄承忠：《木里县发现石棺葬》，载《凉山彝族奴隶制研究》1981 年第 1 期。）

1 期：有华坪荣将和永胜堆子地的几个地点。均无铜器，仅有少量双耳罐。由于这几个地点已接近滇北区域，且在这一地带发现过与滇北区域元谋大墩子新石器时代文化相似的遗存，有的研究者据此推测这几个地点的石构墓葬可能会早至新石器时代晚期。①

① 木基元：《丽江金沙江的考古发现与研究》，载《中华文化论坛》（金沙江文化专号）2002 年第 2 期。

2 期：盐源、木里、丽江有大量分布，在丽江的石鼓至巨甸一带尤其集中。有铜器发现，陶器中的双耳罐有黑衣，表面磨光者有的耳腹部还刻画有螺旋纹。铜器各地点差异较大，有的地点还发现了铁器，反映其时代有早晚之别。由于具体材料不清楚，无法作较细的分期，暂略归于一期。

以上两个大的分期显得相当粗略。该小区在青铜时代有着自己的特色，这里把它放在滇西北区来讨论，主要是鉴于其陶器中有典型的滇西北区的双耳罐因素。

以上两个小区分期对应关系如下（表三）：

表三　滇西北区石构墓葬分期表

小区＼分期	1	2	3	4	5
北部小区		1	2	3	4
南部小区	1				2

由上表可见，整个滇西北区可分为 5 期。第 1 期由于只是南部小区有零星调查材料，只能大致代表本区青铜器出现之前局部区域石构墓葬的发展阶段。第 2、3、4 期的材料则局限于北部小区，相当于其 1、2、3 期。第 5 期也只在南部小区有发现，而在北部小区只有土坑墓，但陶器中双耳罐形态基本一致，归于同一期。

二、滇北区

本区大致包括今云南大理洱海以东，元江哀牢山以北，牛栏江以西，以及四川会理、盐边两县在内的一大片区域。金沙江在这一带水流平缓，南北支流众多，地势较为开阔，湖盆分布广泛，石构墓葬就集中分布于这些纵贯的河流附近和湖盆内（图三，Ⅱ）。按随葬品的不同分东西两个小区。

（一）东部小区

该小区范围大致为牛栏江以西，云南永仁、牟定以东的金沙江南北一带。发掘地点较多，有上百座墓，随葬品只有少量陶器和石器，无铜器发现。墓距在 20—200 厘米之间，很少打破关系。由于永仁维的 60 座墓材料未正式发表，一定程度上影响了分期讨论。现据墓葬与遗址地层关系和陶器总体变化特征作如下分期。

1 期：以元谋大墩子，① 永仁永定菜园子、磨盘地，② 会理新安小营盘墓群，③ 禄劝阿巧营盘包④的共计 74 座墓为代表。

墓葬是先挖出长方形墓坑，用天然石块围砌成墓室，一般用石板盖墓顶，墓底有的用石块铺垫，有的则无。有的地方（会理新安小营盘）则在墓室一端用石板横隔出头箱或足箱。墓葬长 1.4—2.7、宽 0.2—0.6、深 0.3—0.5 米，人骨多朽烂，据残存的遗骸可见其葬式流行仰身直肢葬。有随葬品的墓很少，出土的器物主要是陶器，石器有斧、锛、镞三种（图八）。陶器以盘口鼓腹平底无耳罐为主，另有瓶、杯、纺轮等，均手制夹砂灰或灰褐陶，火候低，有的器表带橙色，吸水性强，素面为主，个别腹部有乳钉、旋纹、叶脉纹。

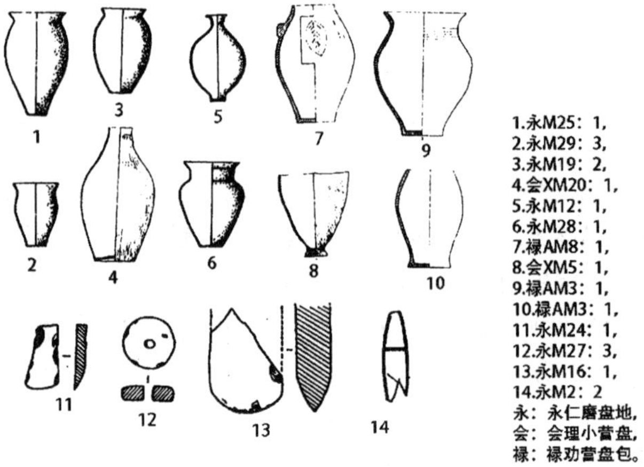

滇北区东小区 1 期墓葬出土器物

① 姜础：《元谋大墩子新石器时代遗址石棺墓清理简报》，载《云南文物》1994 年总第 38 期。

② a. 楚雄彝族自治州文管所、云南省博物馆文物队：《云南永仁永定镇石板墓清理简报》，《文物》1986 年第 7 期。

b. 云南省文物考古研究所：《云南永仁菜园子·磨盘地遗址 2001 年发掘报告》，《考古学报》2003 年第 2 期。

③ 昆明市博物馆、禄劝县文物管理所；凉山彝族自治州博物馆、会理县文物管理所：《金沙江中游地区两处新石器时期石棺葬的发掘》，载《考古》2007 年第 11 期。

④ 昆明市博物馆、禄劝县文物管理所；凉山彝族自治州博物馆、会理县文物管理所：《金沙江中游地区两处新石器时期石棺葬的发掘》，载《考古》2007 年第 11 期。

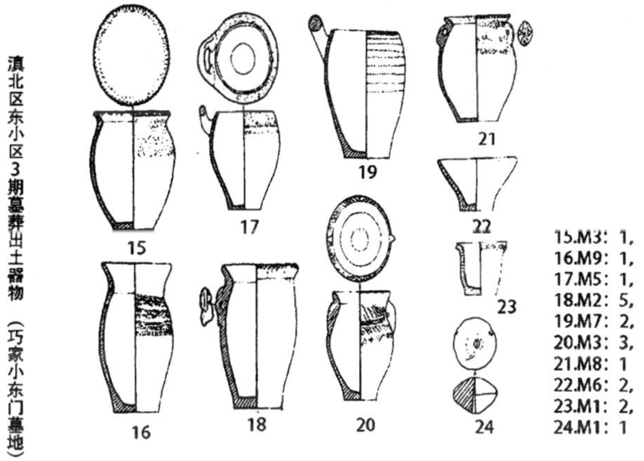

图八　滇北区东小区 1、3 期石构墓葬出土器物（比例不一）

需要说明的是，1 期石构墓葬与当地新石器时代晚期遗址有叠压和打破关系。元谋大墩子遗址是金沙江中游新石器时代晚期的典型遗址，面积大，堆积厚。1999 年 3—4 月在遗址内发现了 1 座石构墓葬，5 座土坑石盖墓。该次发掘表明其文化堆积可分三期：早期包括半地穴式房屋及其近旁的土坑墓，中期包括浅沟槽房屋及其近旁的石构墓葬和石盖墓，晚期包括地面房屋及其近旁的瓮棺葬。由此可知，石构墓葬打破土坑墓，石构墓葬与石盖墓同属于该遗址中期。1 座石构墓葬为婴儿墓，有盖有底，但无随葬品。5 座石盖墓有婴儿和成人墓两种，仅 2 座各发现 1 件无耳罐。材料未正式发表，陶器形制不明。

磨盘地也是一处新石器时代晚期遗址，以往的发现表明其与大墩子遗址同属一个文化类型。① 1982 年和 2001 年两次都发现石构墓葬与文化层有叠压和打破关系。但两次发现情况不一，结论也不一致，这里有必要提出来讨论。

磨盘地原为一小山包，四周平缓，因村民取土，山包已被铲平，其中心已无墓葬，保存的墓葬以北部边缘分布较密集，东、西、南三面只残留小部分。1982 年在北部清理 30 座石构墓葬，出土陶、石器 27 件。当时，为了弄

---

① a. 肖明华、张兴永、郑良：《云南永仁菜园子新石器遗址调查简报》，《云南文物》1983 年总第 14 期。

b. 云南省博物馆：《云南永仁菜园子新石器时代遗址调查》，《考古》1985 年第 11 期。

c. 云南省文物考古研究所：《云南永仁菜园子 · 磨盘地遗址 2001 年发掘报告》，《考古学报》2003 年第 2 期。

清墓葬与遗址的关系，遂在位于遗址一侧挖了一条东西向宽 1 米，长 5.6 米的探沟，其南壁地层为耕土层（20—30 厘米）和扰土层（80—100 厘米）。探沟西端扰土层下即为生土，只在东端深 1.5 米处发现石构墓葬两座，有打破关系，但都无随葬品。至于石构墓葬之下之上的文化堆积情况，简报未提及。发掘者据 30 座墓出土物情况在结论中指出“根据探沟的地层和出土遗物判断，磨盘地当为新石器时代遗址。石板墓群位于遗址的一侧，墓中随葬品与遗址出土陶片质地颜色一致，所出石斧则完全一样。墓葬与遗址当属同一新石器文化系统”①。

2001 年的发掘则明确地揭示了石构墓葬打破文化层的层位关系，但此次发现的 7 座墓皆无随葬品。而报告却在结论中指出：“目前所见墓中陶器与遗址所出并不相同，具体关系尚待进一步的材料和碳十四年代测定才能说明。”②这与报告正文所述石构墓葬无随葬品的情况自相矛盾，也与第一次发掘情况不合。如果这是拿以前在同一地点发现的石构墓葬出土陶器与本次发现的遗址中的陶器作比较，得出这样的结论也是不可信的，因为同一考古学文化墓葬和居址的遗物是可以存在差别的。

会理县新安乡小营盘墓群和禄劝县阿巧乡营盘包墓群基本内涵接近，但前者有随葬品的墓葬比例不到 30%，陶器制作更为原始，质地为夹粗砂，器表凹凸不平，器壁厚薄不匀，器形也不规整，说明时代较后者偏早。但是由于器形差别不大，文化内涵接近，暂归为一期。

2 期：以永仁维的 60 座石构墓葬为代表。③

永仁维的石构墓葬距永定磨盘地仅 30 公里，位于金沙江支流维的河旁的山间盆地，海拔 1610 米，墓坑密集，间距在 20—200 厘米。60 座墓除被破坏严重者外，均有随葬品，数量 1—6 件不等。陶器为夹细砂红陶，火候低，吸水性强，胎较薄，器壁均匀，基本形态是盘口鼓腹小平底，多素面，少数颈或肩部有乳钉纹，或口部带浅流。其中双耳罐 38 件，单耳罐 62 件，无耳罐 42 件，瓶 10 件，壶 1 件，纺纶 1 件。石器有斧、锛、纺纶等。2 期陶器基本

① 楚雄彝族自治州文管所、云南省博物馆文物队：《云南永仁永定镇石板墓清理简报》，《文物》，1986 年第 7 期。

② 云南省文物考古研究所：《云南永仁菜园子 · 磨盘地遗址 2001 年发掘报告》，《考古学报》，2003 年第 2 期。

③ 楚雄彝族自治州文管所云南省博物馆文物工作队：《云南永仁维的石板墓发掘纪略》，《云南文物》1986 年总第 19 期。

形态和装饰风格与1期一致，但除有一定量的1期常见的无耳罐、瓶外，双耳罐、单耳罐大量出现，大大改变了前一期的器物组合。由于永仁维的材料未正式发表，这里无法在图中直接反映其演变关系。

3期：巧家小东门10座为代表。①

墓葬大多由规整的砂质片岩数块嵌成，少数用原石堆砌而成，也有的用石灰盖化板嵌成四壁和顶面，墓底没有铺砌石块。墓室长1.5—2.5，宽0.5—0.8米，流行单人直肢葬。各墓都有随葬品，但较少，一般1—3件，以夹砂灰褐陶为主，器类有侈口束颈无耳罐、单耳罐、附双耳罐、碗、杯、纺轮等，均为手制，有些经慢轮修饰，火候较高。制作精制，纹饰细密，肩部多有双小附耳，腹部多饰各种刻划纹、乳钉纹，有的口沿做成齿轮状。个别墓还出土石镞、骨珠、穿孔海贝，墓地中采集到骨锥、玉环和陶石器等。总的来看，墓葬形制变化不大，但文化内涵较前一期丰富，尤其是制陶技术明显提高，装饰风格也有很大变化。从1期延续下来的小平底鼓腹盘口无耳罐腹部最大直径部位下移，鼓腹渐变为圆腹（图八）。小东门也有土坑墓，出土器物与石构墓葬基本一致，有的土坑墓边堆放3—5块原石，似与石构墓葬有某些渊源。盐边渔门石构墓葬中出土的双耳罐和无耳罐，器型较小，火候低。双耳罐肩部有两个小桥形耳，上腹部有以锥刺纹为主体组成的三道带状平行和两道相互平行的波浪纹，风格与小东门陶器很接近。二者所处时代应相当。

（二）西部小区

大致是大理洱海以东，金沙江以南，与东小区相邻的地带。

1期：仅有姚安西较场黄牛山1座墓。②

位于青蛉河西边黄牛山麓缓坡上，其上压有出土青铜器的土坑墓。出土陶器均破碎，可复原者仅侈口附双耳罐5件，有夹砂灰陶和褐陶两种，手制，火候较低，胎较厚，器底有叶脉纹（图九）。附双耳罐与东小区第3期的巧家小东门出土的同类器物接近，但显得更为原始一些。墓室全长6.6米，以大石叠砌成墓壁，分前后两室，前后室之间立两块石板，这是比较成熟的石构

① 昭通市文物管理所、巧家县文物管理所：《云南省巧家县小东门墓地清理简报》，《四川文物》2009年第6期。

② a. 姚安县文化馆：《云南姚安西教场黄牛山石棺墓》，载《考古》1984年第7期。

b. 张家华、杨甫旺：《楚雄文物考古与文化论集》第201—213页，香港天马图书出版公司出版，2002年。

墓葬，时代当较晚，与陶器的原始而粗糙形态形成强烈反差。估计时代较小东门墓葬晚。

2 期：以弥渡苴力 10 座墓为代表。[①]

位于沅江上游一支流昆雌江河岸山麓，发现石洞山、青石湾、新民村三个地点，共 10 座墓。仅两座墓出陶器 36 件，其中碗 33 件，侈口平底罐 2 件，器盖 1 件。均手制，火候低而不匀，夹粗砂橙色或灰色。铜器种类多，有山字纹剑、矛、斧、锄、削、鸟形杖首、镦、卷经杆、铃、簪、镯以及片饰若干（图九）。

同 1 期相比，本期的陶器变化很大，几乎没有演变上的痕迹。这里主要是依据同时出土陶铜器的 M7 来推断整个墓地在时代上已进入青铜时代兴盛阶段，比不出铜器，且压于出土青铜器土坑墓下的姚安西较场石构墓葬，在相对年代上要晚。

3 期：以祥云检村[②]、祥云红土坡 M14[③]、宾川古底[④]石构墓葬为代表。

三处墓地发掘墓葬多达 245 座之多，随葬品以铜器为主，陶器残破，能辨者仅豆、平底罐，均夹砂红陶，制作粗糙。铜器种类异常繁多，有山字纹剑、钺、矛、镦、锄、凿、犁、锸、刀、戈、豆、尊、锅、镯、笄、铃、编钟、葫芦笙、鸟形杖首、动物模型（牛马猪羊犬等）、箸以及若干饰片（图九）。铁器出现，但数量和种类都很少，仅镯、铜柄铁刃剑。平底罐腹部较前期下移，但仅据此还难以准确判断其与前一期的早晚关系，这里主要根据金属器出土情况来做分期判断：一是铜器种类较 2 期多，尤其铜容器尊、豆、锅和乐器铃、编钟、葫芦笙出现，而有的铜器（动物模型）已明器化；二是出土了铁器。

---

① 云南省文物工作队：《云南弥渡苴力战国石墓》，载《文物》1986 年第 7 期。

② a. 大理白族自治州文物管理所、祥云县文化馆：《云南祥云检村石椁墓》，载《文物》1983 年第 5 期。

b. 云南省大理白族自治州文物管理所：《云南祥云县检村石棺墓》，载《考古》1984 年第 12 期。

③ 大理白族自治州博物馆：《云南祥云红土坡 14 号墓清理简报》，载《文物》2011 年第 1 期。

④ 大理白族自治州文管所：《宾川古底石椁墓发掘简报》，载《云南文物》1995 年总第 41 期。

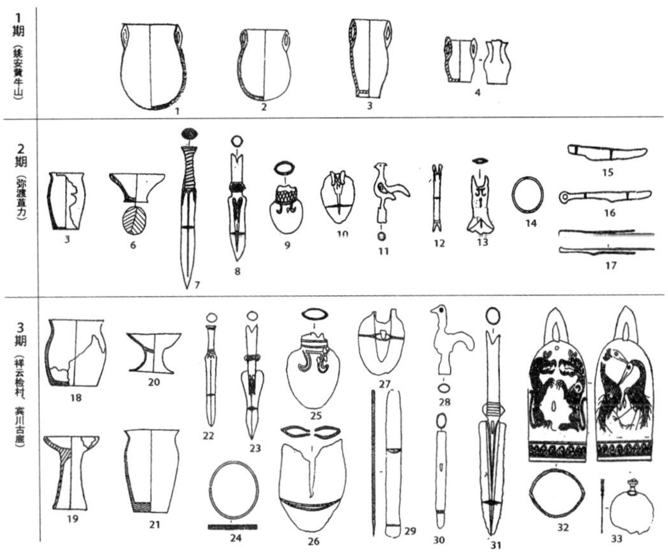

图九　滇北区西小区 1－3 期石构墓葬出土器物（比例不一）

1－4. 原报告无编号，5. 石 M3：5，6. 石 M7：34，7. 石 M5：4，8. 石 M8：1，9. 石 M5：5，10. 石 M5：2，11. 石 M4：1，12. 新 M1：7，13. 新 M1：5，14. 青 M1：3，15. 石 M4：5，16. 青 M1：2，17. 青 M1：5，18. 检 M3：2，19. 检 M1 下－4：1，20. 检M1：54，21. 检 M1：55，22. 古 M8：1，23. 古 M8：3，24. 检 M1 下－1：5，25. 检 M1 下－1：2，26. 检 M3：6，27. 检 M3：5，28. 检 M3：3，29. 检采集 42，30. 检采集 34，31. 检采集 1，32. 检 M1：52，33. 检 M1 下－1：1（石：苴力石洞山，新：苴力新民村，青：苴力青石湾，检：祥云检村，古：宾川古底。5、6、18、19 为陶器，余为铜器。）

4 期；仅发现大理海东三棵树①和姚安寨子山②两处，陶器有甑、釜、盆、陶房、陶鸡、牛、马等，无铜器发现。陶器已具有当地汉式风格。三棵树的葬式为捡骨二次葬。

以上两个小区的分期对应关系如下（表四）：

① 杨德文：《大理洱海东岸石棺墓清理简报》，载《云南文物》1992 年总第 33 期。

② 郭开云：《姚安清理石墓一座》，载《云南文物》1986 年总第 19 期。

表四　滇北区石构墓葬分期表分期

小区＼分期	1	2	3	4	5	6
东区	1	2	3			
西区			1	2	3	4

从上表可见，东区比西区早，第1、2期无铜器，陶器演变明显。第3期，由于材料太少，不知有无铜器，就陶器而言，双耳罐与第2期有一定关系。第4期铜器突然增多，陶器则与前各期几无联系。第5期与第4期之间演变轨迹十分清楚。第6期又与前一期无多大关系，而与当地汉式文化有密切关系。总之，滇北区石构墓葬呈现出一种跳跃发展态势。

三、川西南区

该区域大致范围是今四川凉山和攀枝花所在的安宁河流域地区，墓葬形制特别，俗称为“大石墓”。墓葬集中分布在安宁河流域河谷数百里的狭长地带，北至越西，南至米易，以西昌最为集中，已调查发现45处232座，大部分保存较为完好，已发掘47座[①]（图三，Ⅲ）。另外，在安宁河以东的昭觉、美姑、越西等地，发现了大量与前一种墓差异明显的无盖石构墓葬。由于这类墓正式发掘数量较少，其文化特征尚未完全揭示出来，不宜单独列为一个文化区进行讨论。本书暂把它放在川西南区，并作为其中一个小区。

（一）安宁河流域小区[②]

1期：以西昌市郊关山M4、燕家山M1—M3、袁家山M5，[③]昌坝河堡子M6[④]为代表。本期仅陶、石、骨器，无铜器。陶器有泥质和夹砂两种，前者以灰黑陶为主，后者有红、灰、黑三种，素面为主，有的腹部饰旋纹，间以各种点划纹。器类有带嘴壶、带耳罐、觚形器、喇叭口平底罐、圈足罐、杯、纺纶等。石器有镞、刀等（图十）。

---

① 四川省文物考古研究院、凉山彝族自治州博物馆、西昌市文物管理所编著：《安宁河流域大石墓》第4页，文物出版社，2006年。

② 本小区分期主要参考罗开玉：《川西南与滇西大石墓试析》，载《考古》1989年第12期。

③ 凉山彝族自治州博物馆：《西昌市郊大石墓》，载《考古》1983年第6期。

④ 西昌地区博物馆等：《西昌坝河堡子大石墓第二次发掘简报》，载《考古》1978年第2期。

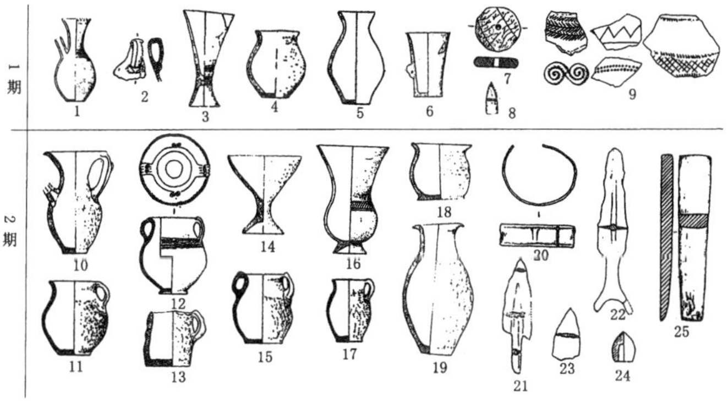

图十　川西南区 1、2 期石构墓葬出土器物（比例不一）

1 期：1. M6∶27，2. M2∶16，3. M3∶3，4. M5∶3，5. M4∶2，6. M6∶28，7. M2∶7，8. M1∶1，9. 残陶片及纹饰（1、6 为西昌坝河出土，余为西昌市郊三地点出土。8 为石器，余为陶器。）

2 期：10. M1∶61，11. M1∶80，12. M2∶50，13. M1∶108，14. M2∶118，15. M1∶34，16. M4∶2，17. M1∶77，18. M1∶85，19. M1∶5，20. M1∶20，21. M1∶23，22. M1∶5，23. M1∶24，24. M3∶5，25. M1∶6（16、24 为西昌坝河出土，22、25 为河西温泉出土，余为米易弯丘出土。10－19 为陶器，20－22 为铜器，23－25 为玉石器。）

2 期：以米易湾丘 M1、M2①，西昌坝河堡子 M1—M4②，河西温泉 M1③，西昌经久大洋堆两墓④为代表。出土器物以陶器为主，陶质陶色较 1 期变化不大，腹部流行波状纹和点划纹，部分器底有叶脉纹。器类有带嘴壶、双耳罐、单耳罐、单耳杯、侈口小平底罐、圈足罐、觚形器、簋形器等。本期出现铜器，有环、镯、鱼尾形柄刀、镞等。石器仍占一定比例，玛瑙珠类饰件出现（图十）。

① 凉山彝族自治州博物馆：《米易弯丘的两座大石墓》，《考古学集刊》第 1 集，文物出版社，1981 年。

② a. 四川金沙江渡口西昌段安宁河流域联合考古队：《西昌坝河堡子大石墓发掘简报》，载《考古》1976 年第 5 期。

b. 西昌地区博物馆等：《西昌坝河堡子大石墓第二次发掘简报》，载《考古》1978 年第 2 期。

③ 西昌博物馆等：《四川西昌河西大石墓群》，载《考古》1978 年第 2 期。

④ 西昌市文管所等：《四川西昌市经久大洋堆遗址的发掘》，载《考古》2004 年第 10 期。

3 期：主要地点有：西昌坝河堡子 M1①，普格小兴场 6 座墓②，西昌河西（除马漕沟 M3）4 座③。另外还有德昌果园 M1、冕宁三块石 M1（材料未正式发表，见《凉山彝族奴隶制研究》，1978 年第 2 期）本期陶器比例小，多泥质黑色或灰褐色，带嘴壶由平底变为圈足，另有双耳罐和纺轮等。铜器有发钗、刀、铃、镞、镯。骨器有环、觿。玉石器仍然存在（图十一）。

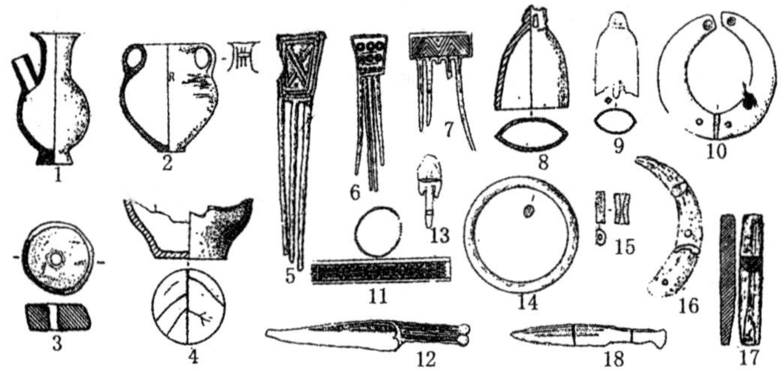

图十一 川西南区 3 期石构墓葬出土器物（比例不一）

1. 普小 AM1：9，2. 普小 BM2：9，3. 普小 AM1：7，4. 西河 M2：20，5. 西坝 M1：31，6. 普小 BM4：15，7. 普小 BM4：9，8. 西坝 M1：51，9. 西河 M1：17，10. 西坝M1：63，11. 普小 AM2：6，12. 西河 M2：10，13. 普小 BM1：50，14. 西坝 M1：17，15. 普小 BM1：110，16. 普小 BM4：25，17. 西河 M4：7，18. 普小 AM1：3（1－4 为陶器，10、16 为骨器，15、17 为玉石器，余为铜器。普小：普格小兴场，西河：西昌河西，西坝：西昌坝河。）

4 期：有喜德拉克四合 M1、5、6、7、8，④ 西昌西郊 M1，⑤ 西昌河西马

---

① a. 四川金沙江渡口西昌段安宁河流域联合考古队：《西昌坝河堡子大石墓发掘简报》，载《考古》1976 年第 5 期。

b. 西昌地区博物馆等：《西昌坝河堡子大石墓第二次发掘简报》，载《考古》1978 年第 2 期。

② a. 凉山彝族自治州博物馆：《四川普格小兴场大石墓》，载《考古与文物》1982 年第 5 期。

b. 凉山彝族自治州博物馆：《四川普格小兴场大石墓群的调查与清理》，《文物资料丛刊》第 10 集。文物出版社，1987 年。

③ 西昌博物馆等：《四川西昌河西大石墓群》，载《考古》1978 年第 2 期。

④ 凉山彝族地区考古队：《喜德拉克公社大石墓》，载《考古》1978 年第 2 期。

⑤ 凉山彝族自治州博物馆：《四川西昌一号墓发掘简报》，载《考古学集刊》第 3 集，文物出版社，1983 年。

漕沟 M3，[1] 西昌北山 M1、小花山 M1、黄水塘 M1，[2] 西昌洼垴 M1 和和德昌阿荣 M3。[3] 陶器有夹砂红、灰陶、泥质红陶、细泥黑陶三种，红陶火候稍高。多施陶衣，肩腹部饰以细密的点划纹，器底叶脉纹仍存在。器类变化不大，仍以带嘴壶、双耳罐、单耳罐、圈足罐为主，但形态变化较明显，圈足变高，单耳罐底部内敛，纹饰较精细。铜器种类繁多，以饰件为主，有发钗、镯、环、玲、泡饰、扣饰、管状器以及镞、刀、斧、汉五铢钱、肖形印等。骨、玉石器仍然存在。本期出现铁器，仅有削、镰、镯、环。另外还出现了金银小件器物（图十二，十三）。

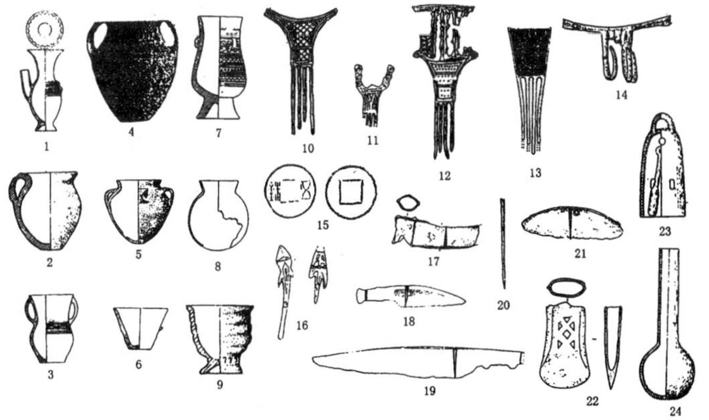

图十二　川西南区 4 期石构墓葬出土器物（比例不一）

1. 拉四 M6：1，2. 西黄 M1：4，3. 拉四 M6：4，4. 拉四 M8：13，5. 西河 M3：4，6. 拉四 M6：8，7. 拉四 M1：2，8. 拉四 M1：5，9. 西河 M3：3，10. 西西 M1，11. 西小 M1：12，12. 西西 M1，13. 拉四 M8：16，14. 西西 M1，15. 拉四 M1：14，16. 西小 M1：8、9，17. 西小 M1：4，18. 拉四 M7：5，19. 拉四 M6：22，20. 西西 M1，21. 西小 M1：3，22. 西小 M1：7，23. 拉四 M8：80，24. 拉四 M6：20（1－9 为陶器，余为铜器。）拉四：喜德拉克四合，西黄：西昌黄水墉，西河：西昌坝河，西西：西昌西郊，西小：西昌小花山

① 西昌博物馆等：《四川西昌河西大石墓群》，载《考古》1978 年第 2 期。

② 西昌地区博物馆：《四川西昌北山、小花山、黄水塘大石墓》，载《文物》1990 年第 5 期。

③ 四川省文物考古研究院、凉山彝族自治州博物馆、西昌市文物管理所：《四川西昌洼垴、德昌阿荣大石墓》，载《文物》2006 年第 2 期。

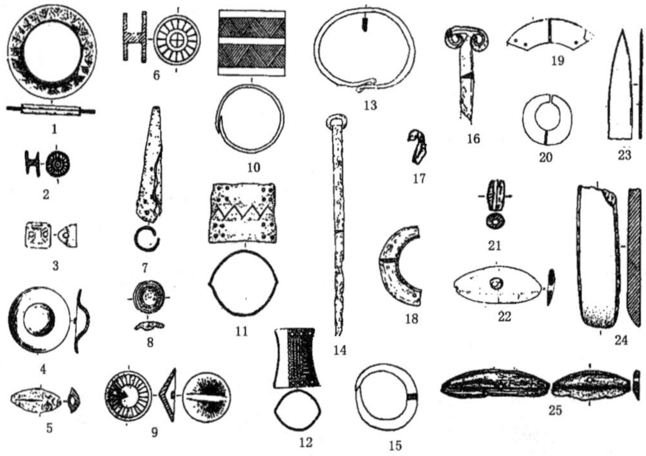

图十三　川西南区4期石构墓葬出土器物（比例不一）

1. 拉四 M8：28，2. 西小 M1：6，3. 拉四 M8：24，4. 拉四 M6：26，5. 西西 M1，6. 拉四 M8：73，7. 西小 M1：15，8. 西小 M1：16，9. 拉四 M8：53，10. 拉四 M7：13，11. 西北 M1：1，12. 拉四 M6：31，13. 拉四 M6：29，14. 西黄 M1：3，15. 拉四 M8：19，16. 西小 M1：5，17. 西西 M1，18. 西西 M1，19. 拉四 M6：18，20. 拉四 M8：62，21. 西西 M1，22. 西小 M1：1，23. 拉四 M1：24，24. 拉四 M8：75，25. 西西 M1（1－12 为铜器，13－16 为铁器，18－20 为骨器，余为玉石器。西北：西昌北山，余同前图。）

5 期：仅有喜德拉克幸福 M1① 和西昌天王山十号墓②。本期陶器数量较少，仅有单耳罐和无耳罐。铜器种类减少，有发钗、铃、泡饰、扣饰。银器、鎏金器和铁器较流行。仍有石器。发现王莽时期大泉币，封土中发现云纹瓦当、绳纹板瓦、筒瓦（图十四）。

---

① 凉山彝族自治州博物馆：《四川喜德县清理一座大石墓》，载《考古》1987 年第 3 期。

② 凉山彝族自治州博物馆：《四川天王山 10 号墓清理简报》，载《考古》1984 年第 12 期。

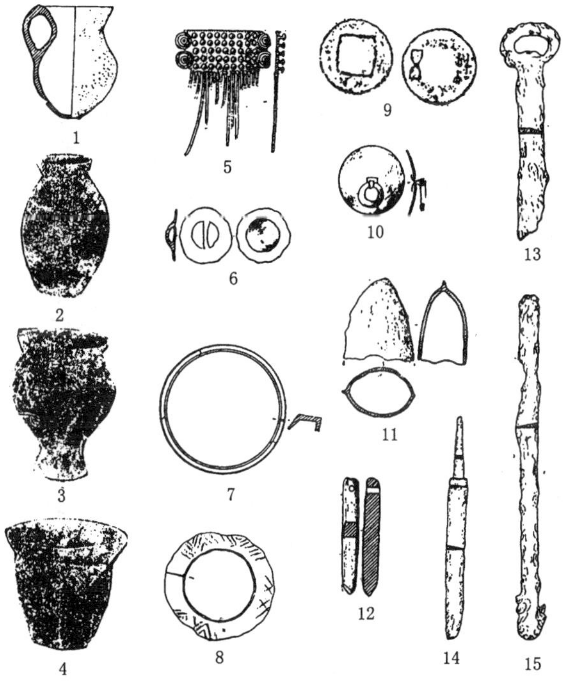

图十四　川西南区 5 期石构墓葬出土器物（比例不一）

1. 拉幸 M1：26，2. 西天 M10：2，3. 西天 M10：5，4. 西天 M10：1，5. 拉幸 M1：55，6. 拉幸 M1：35，7. 拉幸 M1：14，8. 拉幸 M1：22，9. 拉幸 M1：56，10. 拉幸 M1：20，11. 拉幸 M1：47，12. 拉幸 M1：27，13. 拉幸 M1：7，14. 拉幸 M1：3，15. 拉幸 M1：6（1－4 为陶器，8 为银器，7、10 为鎏金铜器，12 为石器，13－15 为铁器，余为铜器。西天：西昌天王山，拉幸：喜德拉克幸福）

（二）安宁河西小区

即前述无盖石构墓葬分布区。墓葬数十甚至上百座密集分布，主要有昭觉县俯城、四开、乌坡、好谷、拉一木，美姑县龙门、九口、拉马足，越西县且拖、雀儿山等处。[①] 目前只发掘了昭觉乌坡和俯城的三个小地点，共 20

① 文物编辑委员会编：《文物考古工作十年》（1979—1989）文物出版社 1990 年，第 256 页。

座墓。①

20座墓共有39件器物，以陶、石器为主，无法作分期讨论，根据有无铜器可分为两类（图十五）。第一类11座，只出陶器或石器，陶器有侈口鼓腹平底罐、簋形器、圈足盘（报告称为豆）。夹砂红陶或灰陶，火候极低，器形很小。石器有斧、锛、镞，质地坚硬，通体磨光，制作精致，刃部锋利。第二类4座，出铜器，但仅有环和零星残铜片，另有少量石器和海贝。其中铜器似为一容器口部残片，疑非墓内随葬品。一是因为该墓地以陶石器为主，这是金沙江中游早期石构墓葬的普遍现象；二是只见此残破碎片，不见其他部位的任何痕迹，可知其非完整器；三是即使在整个地区晚期青铜文化繁荣阶段，也未见有此类铜器发现。故其时代大致为铜器早期阶段。

从以上可以看出，川西南区安宁河河谷石构墓葬发展较为完备（图十六），而安宁河西小区由于材料太单薄，难以进一步与前者作比较分析。但鉴于其墓葬结构和随葬品的特殊性，本书在以后相关问题中，将作单独讨论。

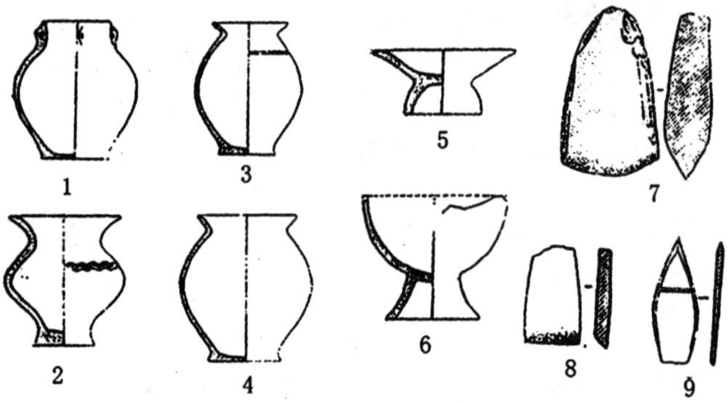

图十五　昭觉无盖石构墓葬出土器物（比例不一）

1. M3：10，2. M3：14，3. M1：1，4. M3：1，5. M1：4，6. M1：5，7. M2：1，8. M5：1，9. M4：3（7－9为石器，余为陶器。8、9为竹核尔巴克苦，余为附城出土。）

① 凉山彝族地区考古队：《四川凉山昭觉石板墓发掘简报》，载《考古学集刊》第1集，文物出版社，1981年。

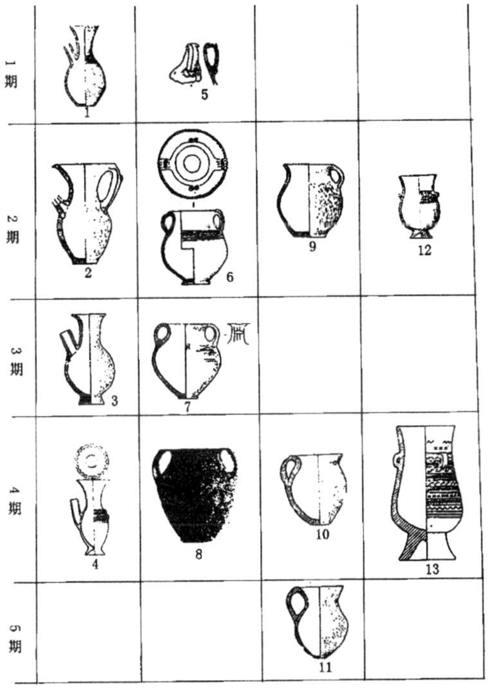

图十六　川西南区 1－5 期石构墓葬陶器演变图（比例不一）

1. 西坝 M6：27，2. 米弯 M1：61，3. 普小 AM1：9，4. 拉四 M6：1，5. 西郊 M2：16，6. 米弯 M2：50，7. 普小 BM2：9，8. 拉四 M8：13，9. 米弯 M1：80，10. 西黄 M1：4，11. 拉幸 M1：26，12. 西坝 M4：115，13. 拉四 M1：2（米弯：米易弯丘，余同前图。）

第三节　总分期与年代关系

一、总分期

前文据随葬品的分析，初步揭示了金沙江中游石构墓葬之间差异性远远大于共性的基本事实，但仍有必要从整体上进一步把握其上千年演变之客观规律。本章遂在各区石构墓葬之间寻找文化上的联系和相似性，并在分区分期基础上，把整个区域石构墓葬粗略划分为四个大的阶段，即新石器时代晚期阶段、早期铜器阶段、铜器繁荣阶段、铜器衰落阶段。各阶段跨度长短不一，越早跨度越大，由于材料时代的非连续性，各区各期只能代表各自在这一阶段中的某一时段，第一二阶段之间和第二、三阶段之间间隔非常大，这是材料本身的缺陷所致，而铜器繁荣阶段的各区早晚段之间则非常紧密，本书作如此划分主要是为以后讨论的方便。

第一阶段（新石器时代晚期阶段），可分早晚两段，早段无耳罐，晚段出现带耳罐。石构墓葬在三大区域皆有分布，滇北区在早段最先出现于东小区，然后迅速扩展，晚段已达滇西北区南部小区，川西南区则只在西昌附近一带。本阶段是石构墓葬形成期。三个区域在晚段出现了带耳器，但风格不一。早段石构墓葬最先出现在滇北区东小区，滇西北区石构墓葬乃滇北区的延续。川西南区从一开始就与另外两区有着极大的差异性。

第二阶段（早期铜器阶段），各区石构墓葬分布范围变化较大，滇北区明显缩小，滇西北区则集中分布在北部小区，而川西南区范围向南北扩展。这种分布格局并非完全属实，很可能与发现的局限性有关。本阶段是石构墓葬初步发展期。三大区域石构墓葬同时以双耳罐因素占主导地位，但又各有风格。此外，都同时出现了铜器（目前滇北区这一阶段石构墓葬发现太少，未发现铜器，但与之时代相当的剑川海门口遗址中有大量发现，[①] 故本区也应存在铜器）和绿松石。滇北区和川西南区部分陶器底部有叶脉纹。这些都表明本阶段石构墓葬之间有着微弱的文化交流，比前一阶段有所加强。

第三阶段（铜器繁荣阶段），本阶段可分早晚两段，早段无铁器，晚段出现铁器。分布范围又有新的变化，滇北区集中在西小区，滇西北区仍集中在北部小区，但范围有所扩大，已发展至澜沧江中游河谷地带，川西南区变化不大。第三阶段是三大区域石构墓葬的繁荣期。滇北区与川西南区各自早晚两段的继承发展关系十分明显，滇西北区陶器上的连续性较明显，铜器则缺乏前后延续性。与此同时，滇北区和滇西北区共有的山字纹剑、圆形饰牌，滇西北区与川西南区共有的扣饰，滇北区与川西南区共有的铜铃、镯，反映了这一阶段各区之间，尤其是滇北区与滇西北区之间，在铜器方面交流有所增强。

第四阶段（铜器衰落阶段），分布范围突然缩小，滇北区变化不大，滇西北区只集中在其南部小区，川西南区已缩小至西昌附近一带。这一阶段是整个金沙江中游石构墓葬的衰亡期。滇北区主要受了汉式文化的冲击，很快消

---

① 肖明华：《云南剑川海门口青铜时代早期遗址》，载《考古》1995 年第 9 期。

亡。滇西北区由于材料未公布，无法确认。川西南区则经历了缓慢的衰亡过程，一方面是对前一阶段文化的继承，另一方面又不得不接受外来文化的影响。

三个区域各期与这四个阶段对应关系如下（表五）。

表五　金沙江中游石构墓葬发展阶段对应关系表

<table>
<tr><td rowspan="2">年代</td><td colspan="2">商—西周早期（形成期）</td><td rowspan="2">西周中期—春秋早期（初步发展期）</td><td colspan="2">春秋中期—西汉中期（繁荣期）</td><td rowspan="2">西汉晚期—东汉（衰落期）</td></tr>
<tr><td>早段</td><td>晚段</td><td>早段</td><td>晚段</td></tr>
<tr><td>阶段</td><td colspan="2">一
（新石器时代晚期阶段）</td><td>二（早期铜器阶段）</td><td colspan="2">三
（铜器繁荣阶段）</td><td>四（铜器衰落阶段）</td></tr>
<tr><td>滇西北区</td><td></td><td>1</td><td>2</td><td>3</td><td>4</td><td>5</td></tr>
<tr><td>滇北区</td><td>1</td><td>2</td><td>3</td><td>4</td><td>5</td><td>6</td></tr>
<tr><td>川西南区</td><td></td><td>1</td><td>2</td><td>3</td><td>4</td><td>5</td></tr>
</table>

二、年代关系

关于各阶段墓葬绝对年代的推定，将以前面的分期和阶段划分为基础，适当参考石构墓葬的测年数据和与石构墓葬有关的土坑墓、居址的测年数据。

第一阶段，定在当地新石器时代晚期至铜器出现之前。本期石构墓葬早段属于或部分打破当地新石器时代晚期的元谋大墩子遗址和永仁磨盘地、菜园子遗址。其绝对年代如表九所示，距今4000—3200年，故最早的石构墓葬绝对年代距今约3200年。晚段的材料以永仁磨盘地维的60座墓为代表，陶器变化显著，但未发现铜器。目前金沙江流域最早的青铜时代遗址，是滇西地区的剑川海门口遗址，时代距今3200—2700年①（表六），故晚段石构墓葬不应当晚于此。总之，第一阶段石构墓葬在距今3000年左右，与中原的商至西周早期相当。

第二阶段，铜器出现，数量少，尚未普及。本期有来自墓葬和居址的 C^{14} 测年数据，误差较大，悬殊上千年。尤其是按高精度 C^{14}—树轮校正表得出的校正值，只有根据一系列在时间上有连续间隔标本的 C^{14} 数据，才是有意义的。所以，表中剑川海门口T2第四层木头的高精度校正值不具有断代意义，

① 肖明华：《云南剑川海门口青铜时代早期遗址》，载《考古》1995年第9期。

另外的相关数据可作为参照；中甸的两个数据比较可信，这里只能与第一阶段的数据作整体考察，基本可以判定它们之间在时间上有大致的早晚关系。故第二阶段约在距今2900—2600年，与中原的西周中期至春秋早期相当。

第三阶段，铜器普及，早段未发现铁器，晚段有个别铁器。测年数据较多，属石构墓葬的只有德钦纳古、弥渡石洞山、普格小兴场的几个数据，另外，祥云红土坡M14出土木头C^{14}年代测量数据为2295±115年（公元前345—115年），未经校正。① 结合与之文化面貌接近的土坑墓的数据，排除明显偏早的两个数据外（纳古和大波那），一般在距今2600—2000年，与第一阶段基本能连接，故早段应不会早于距今2600年左右的春秋中期。又根据出残铁器的剑川鳌凤山M80、宁蒗大兴镇M5② 所在墓地的相关测年数据已进入战国中晚期，滇西北区和滇北区石构墓葬晚段与其时代大致相当或相对晚近。川西南区第三阶段晚段喜德拉克四合M8出土西汉文帝四铢半两，M1出土宣帝五铢，③ 可推知其已晚至西汉中期。再结合公元前135—111年汉武帝始开西南夷，随后铁器和汉式文化在整个西南夷地区大量出现的历史背景，最后把第三阶段的晚段定在战国晚期至西汉中期。

这样，第三阶段石构墓葬时代在距今2600—2000年，大致为春秋中期至西汉中期，早晚两段以战国中晚期为界。

第四阶段，出现了明显的汉式文化因素，石构墓葬走向衰亡，但各区衰亡过程不一，延续时间也不一。无测年数据可以参照。在川西南区喜德拉克轱辘M1出土西汉晚期的五铢钱和新莽时期的大泉五十。④ 西昌天王山十号墓封土中含有大量西汉时期流行的卷云纹瓦当、绳纹板瓦、筒瓦碎片，但未发现与其邻近的晋代遗址的遗物。⑤ 在滇北区出现了西汉晚期以来流行的陶房、陶鸡、陶牛和当地东汉砖室墓中甑之类的器物。⑥ 总而言之，第四阶段石构墓葬时代可大致定在西汉中期至东汉。

① 李晓岑等：《云南祥云红土坡古墓群出土金属器的初步分析》，载《考古》2011年第1期。
② 云南省博物馆文物工作队：《云南宁蒗县大兴镇古墓葬》，载《考古》，1983年第3期
③ 凉山彝族地区考古队：《喜德拉克公社大石墓》，载《考古》1978年第2期。
④ 凉山彝族自治州博物馆：《四川喜德县清理一座大石墓》，载《考古》1987年第3期。
⑤ 凉山彝族自治州博物馆：《四川天王山十号墓清理简报》，载《考古》1984年第12期。
⑥ a. 郭开云：《姚安清理石墓一座》，载《云南文物》1986年总第19期。
b. 杨德文：《大理洱海东岸石棺墓清理简报》，载《云南文物》1992年总第33期。

表六　金沙江中游石构墓葬及有关的测年数据统计表

实验室编号	地点	标本	C14 测年数据		校正值（半衰期以 5730 年计）		相关考古信息
			半衰期 5730	半衰期 5568	达曼表	高精度表	
S230601	元谋大墩子	T5 柱洞内木炭	3210±90 BC1260	3120±90 BC1170	3420±155	BC1512—1309	
S231401	永仁菜园子	T3 第 4 层木炭	3910±80 BC1960	3800±80 BC1850	4290±135	BC2453—2137	
S230301	宾川白羊村	T6F3(2)号柱洞木炭	3770±85 BC1820	3660±85 BC1710	4115±105	BC2190—1930	晚期房址
S230301	宾川白羊村	T7 文化层炭化木柱	3675±85 BC1725	3570±85 BC1620	4000±105	BC2036—1779	遗址早期遗物。与大墩子文化相似。
S231901	中甸奔东村	中布 M2 人骨	2850±80 BC900	2770±80 BC820	2970±115	BC1008—833	
S231901	中甸奔东村	中布 M6 人骨	2810±80 BC860	2730±80 BC780	2925±115	BC986—813	
S230201	剑川海门口	地层中圆木桩	3100±90 BC1150	3010±90 BC1060	3285±155	BC1406—1107	1957 年清理，地层有扰乱，木桩所在层位有陶片，炭屑，相当于 1978 年清理的第四层
S230201	剑川海门口	T2 第四层木头	2595±75 BC645	2520±75 BC570	2660±125	BC797—440	1978 年清理，未被扰乱，木桩与铜、石、陶、骨、角器同出
S230101	德钦纳古	第一地点 M2 人骨	2900±100 BC950	2820±100 BC870	3035±130	BC1124—847	墓地出土铜矛、剑绿松石，明显偏早
S230501	楚雄万家坝	M1 木桩	2350±85 BC400	2280±85 BC330	2365±95	BC405—211	属墓地晚期的Ⅱ类墓
S230501	楚雄万家坝	M1 木桩	2375±80 BC425	2310±80 BC360	2395±90	BC410—234	同上
S230501	楚雄万家坝	M23 棺木	2640±90 BC690	2570±90 BC620	2715±135	BC825—454	属墓地晚期的Ⅱ类墓
S230501	楚雄万家坝	M23 棺木	2635±80 BC685	2560±80 BC610	2710±130	BC806—454	
S230501	楚雄万家坝	M23 棺木	2405±80 BC455	2340±80 BC390	2430±90	BC507—382	
S230202	剑川鳌凤山	M50 人骨	2420±80 BC470	2350±80 BC400	2450±90	BC516—386	早期 A 类墓

续表

实验室编号	地点	标本	C14 测年数据		校正值（半衰期以 5730 年计）		相关考古信息
			半衰期 5730	半衰期 5568	达曼表	高精度表	
S230202	剑川鳌凤山	M19 人骨	2295 ±75 BC345	2230 ±75 BC280	2305 ±85	BC394—202	晚期 B 类墓
S230401	祥云大波那	M2 棺木板	3010 ±100 BC1060	2920 ±100 BC970	3170 ±160	BC1300—990	出土物与 M1 接近，明显偏早
S230401	祥云大波那	M1（铜棺）木椁残片	2415 ±75 BC465	2350 ±75 BC400	2445 ±85	BC512—387	
S230801	宁蒗大兴镇	M9 棺木	2460 ±80 BC510	2390 ±80 BC440	2500 ±90	BC757—394	
S231301	弥渡石洞山	M6 人骨	2065 ±90 BC115	2010 ±90 BC60	2040 ±100	BC167—AD69	
S210901	普格小兴场	AM1 人骨	2470 ±75 BC520	2400 ±75 BC450	2400 ±75	BC758—397	
S210902	普格小兴场	BM2 人骨	2465 ±85 BC515	2400 ±85 BC450	2440 ±85	BC760—395	

注：本表据中国社会科学院考古研究所编《中国考古学中碳十四年代数据集》（1965—1991）制成，文物出版社，1991 年。

第三章　金沙江中游石构墓葬类型、特点与成因

鉴于各区各阶段石构墓葬差异性大于共性的基本事实，以下将先探讨区域性随葬品演变特征，再探讨墓制演变特征，以四个阶段为时间线索，围绕陶器、铜器、墓葬结构、葬式四个方面进行考察。金沙江中游石构墓葬由于酸性土壤条件和特殊的埋葬方式，人骨保存较差，也未见葬具。

第一节　区域性文化演变特征

一、滇西北区

第一阶段，只在滇西北区南部小区有发现，属于晚段，仅有少量双耳罐、石斧，与滇北区基本一致。墓葬结构为竖石成壁的单室墓，竖石较细小，不甚规范。葬式为单人一次直肢葬。

第二阶段，滇西北区石构墓葬较前一阶段变化明显，主要是向北发展，出现了铜丫字形剑。陶器有双耳罐、单耳罐和纺轮，均夹砂，火候不匀，黑褐或红褐驳杂，器壁较薄，表面磨光。另外，出现了绿松石、海贝、骨片。墓葬结构除南部小区延续前一时期的单室墓外，在北部小区出现了垒石成壁墓，墓室呈圆角不规则方形或长方形，底部较平。如中甸中克 M25，平面近长方形，内室长 140、宽 100、深 80 厘米[①]（图十七，1）。又如中甸中布 M7，平面为圆角长方形，内室长 100、宽 52、深 47 厘米[②]（图十七，2）。葬式常见单人直肢葬，如中甸克乡 M23，骨架保存完整，方向 94 度，俯身直肢，为一青年女性，无随葬品（图十七，6）。同时出现单人一次屈肢葬，目前仅在滇西北区北部小区有发现，其中又有仰身屈肢和侧身屈肢两种情况。前者如中甸中布 M6，方向 350 度，为青年女性，双臂下垂，右腿弯曲置于腹部，左

---

① 云南省文物考古研究所：《云南中甸的石棺葬》，载《云南文物》1993 年总第 36 期。

② 云南省文物考古研究所：《云南中甸的石棺葬》，载《云南文物》1993 年总第 36 期。

腿弯曲在盆骨下，无随葬品①（图十七，7）。后者如中甸中克 M25，方向 95 度，为中年男性，上肢微曲，下肢呈蹲坐状，未见随葬品②（图十七，1）。还出现单人二次葬，目前能确认的只有中甸中布 M02，（原报告定为解肢葬），方向 315 度，青年女性，骨架位置与人体结构有些不一致，肢骨上端与头骨相接，而臂骨与腿骨平行放置。头骨旁葬单耳罐一件③（图十七，8）。单人一次屈肢葬和单人二次葬与墓室大小有内在的一致性，但到底是葬式决定墓室结构，还是墓室结构决定葬式，难以判定。

第三阶段，滇西北区早段陶器仍为双耳罐和单耳罐，以单耳罐为主，形态多样，出现了高圈足，口耳部特征变化明显，耳和肩部饰点划纹样，制作工艺有所提高，多为泥质，部分有黑衣。铜器数量种类明显增多，以兵器饰件为主，与前一阶段联系不大。晚段北部小区石构墓葬继续沿澜沧江河谷南下。陶器中双耳罐涂黑衣者越来越多，肩部点划纹样继续流行，腹部出现螺旋纹，新出现了三耳罐、钵形单耳带流罐，盘口长颈罐，均为夹砂灰陶，制作粗糙。铜器仍以兵器饰件为主，山字纹剑、弧背刀、斧、饰牌、扣饰都是新出现的种类，但器类形态上与前一阶段无多大联系。另外有穿孔银器。墓室平面呈较规则长方形，如德钦纳古 M6④（图十七，3）。同时发现有两墓室相连的墓葬，如德钦纳古 M13 与 M14，M22 与 M21（原报告认为 M14 为 M13 的附棺）⑤（图十七，4、5）。葬式变化不明显。

第四阶段，滇西北区北部小区石构墓葬消失，南部小区石构墓葬集中分布在盐源、木里境内，有陶双耳罐、山字纹剑、铜饰片等。

---

① 云南省文物考古研究所：《云南中甸的石棺葬》，载《云南文物》1993 年总第 36 期。
② 云南省文物考古研究所：《云南中甸的石棺葬》，载《云南文物》1993 年总第 36 期。
③ 云南省文物考古研究所：《云南中甸的石棺葬》，载《云南文物》1993 年总第 36 期。
④ 云南省博物馆文物工作队：《云南德钦县纳古石棺葬》，载《考古》1983 年第 3 期。
⑤ 云南省博物馆文物工作队：《云南德钦县纳古石棺葬》，载《考古》1983 年第 3 期。

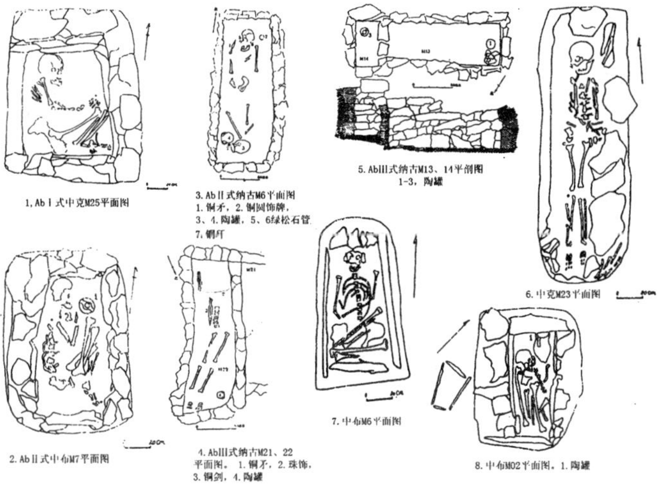

图十七　滇西北区石构墓葬平剖图（比例不一）

二、滇北区

第一阶段，滇北区早段各墓随葬品极少，仅1—2件，无随葬品者占较大比例。陶器以无耳盘口鼓腹小平底罐为特征，制作粗糙，火候低，吸水性强，此外有瓶、纺轮。石器较发达，形体大，有镞、锛、斧，磨光，利刃。晚段各墓一般皆有随葬品，数量有所增加。陶器最大变化是出现了双耳罐和单耳罐，与从早段延续下来的无耳罐呈三足鼎立之势。墓葬结构为单室，竖石较细小，不甚规范，有倾斜度，头端宽，足端窄。如永仁磨盘地（1982年）M27，墓室残长235、头端宽53、近足端宽28、深52厘米。倾斜度5度，石板镶嵌不严整，随葬品置头端①（图十八，2）。又如该地点（2001年）M2②（图十八，3）。葬式流行单人一次直肢葬，如永仁磨盘地（2001年）M2，方向296度，仅存少量肢骨，无随葬品③（图十八，3）。又如禄劝阿巧营盘包AM3，方向34度，墓室长2.34、宽0.6米。墓内发现一具保存较完整的人

① 楚雄彝族自治州文管所、云南省博物馆文物队：《云南永仁永定镇石板墓清理简报》，载《文物》1986年第7期。

② 云南省文物考古研究所：《云南永仁菜园子．磨盘地遗址2001年发掘报告》，载《考古学报》2003年第2期。

③ 云南省文物考古研究所：《云南永仁菜园子·磨盘地遗址2001年发掘报告》，载《考古学报》2003年第2期。

骨。出土2件无耳罐。又如会理新安乡小营盘XM13，墓端用石板隔出框，置放陶罐，仰身直肢葬。

第二阶段，东部小区和西部小区并行发展，区别明显。东部小区墓葬大多由规整的砂质片岩数块嵌成，少数用原石堆砌而成，也有的用石灰华盖板嵌成四壁和顶面，墓底没有铺砌石块。墓室长1.5—2.5，宽0.5—0.8米，流行单人直肢葬。各墓都有随葬品，但较少，一般1—3件，以夹砂灰褐陶为主，器类有侈口束颈无耳罐、单耳罐、附双耳罐、碗、杯、纺轮等，均为手制，有些经慢轮修饰，火候较高。制作精制，纹饰细密，肩部多有双小附耳，腹部多饰各种刻划纹、乳钉纹，有的口沿做成齿轮状。总的来看，墓葬形制变化不大，但文化内涵较前一阶段丰富，尤其是制陶技术明显提高，装饰风格也有很大变化。从前期延续下来的小平底鼓腹盘口无耳罐腹部最大直径部位下移，鼓腹渐变为圆腹。西部小区墓葬结构上发展出双室墓，无墓道，竖石较大，石板镶嵌讲究。如姚安黄牛山M1，墓室分前后两室，之间用两块石板直立，前室宽，后室窄。全长660、前部宽153、中部宽143、后部宽133、深230厘米。墓顶盖五块大石，长近200、宽45—100厘米。① 葬式出现多人丛葬现象，其基本情况是，不分男女老幼，头骨、肢骨和随葬品仅发现陶器，杂乱堆放，死者数人至数十人甚至上百人不等。这种葬式可能是先让单个个体腐烂到一定程度，并累积到一定数量后再丛葬。如弥渡苴力M7，方向80度，有三堆人骨，共有头骨40个，多人一次葬入后填土加墓盖，陶器、铜器与之混杂②（图十八，4）。

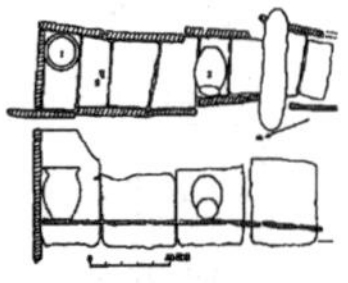

1，（1982年）M24平剖图
1、2. 陶器，3. 石锛

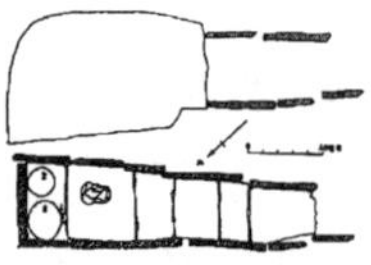

2，（1982年）M27墓室盖板
及墓室平面图 1. 陶纺轮，2、3. 陶罐

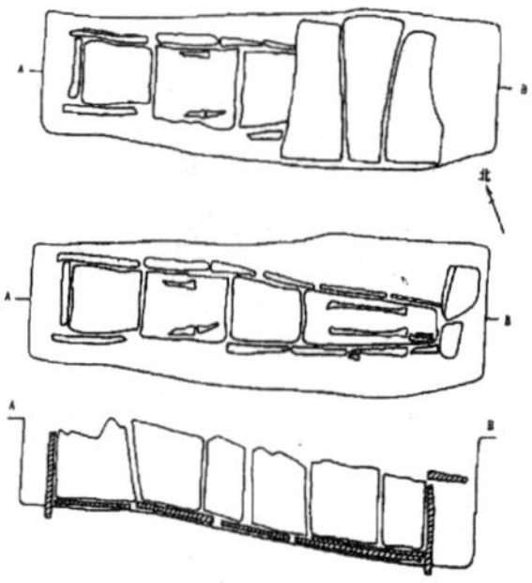

3，（2001年）磨盘地遗址M2平剖图（1：25）

① 姚安县文化馆：《云南姚安西教场黄牛山石棺墓》，载《考古》1984年第7期。

② 云南省文物工作队：《云南弥渡苴力战国石墓》，载《文物》1986年第7期。

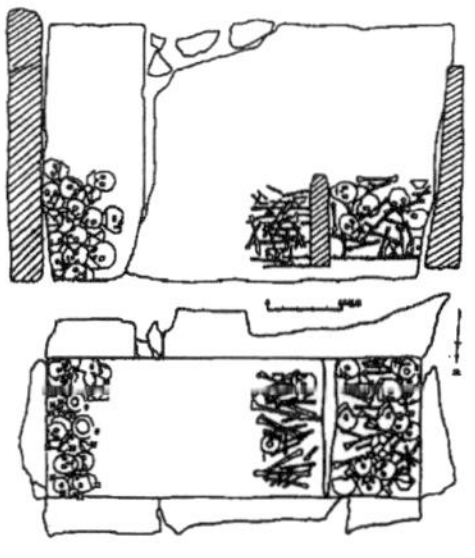

4，弥渡苴力M7平剖图
1-7、9、10、12-25、27-36. 陶碗，
8. 陶罐，11. 陶器盖，20-1、2、3. 铜铃
20-4、5、6、7. 鸟嘴形铜饰，37. 铜管

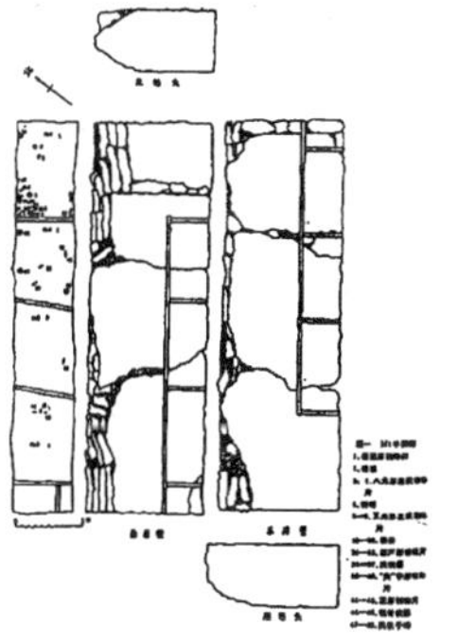

5，祥云检村M1平剖图

图十八　滇北区石构墓葬平剖图（比例不一）

第三阶段，滇北区早段带耳罐消失，只有少量碗、平底罐、器盖，制作仍很粗糙，有的底部有叶脉纹。铜器有兵器、工具、饰件三大类，此外也有绿松石发现。晚段陶器极其粗糙，仅豆、罐两种。铜器异常繁多，前一期的山字纹剑、曲刃矛、钺、尖叶锄、镯、鸟形杖首得以保留，形态变化较快。同时又新出现了镦、凿、凹口矛、锸、刀、豆、尊、笄、铃、编钟及各种饰件。此外，绿松石珠、玛瑙珠、玉管也有较多发现。滇北区晚段铁器出现，仅有镯、铜柄铁剑两种。墓葬结构仍流行多室，竖石较大，如弥渡苴力 M7，墓室分主室和分厢，人骨分置三处①（图十八，4）。再如祥云检村 M1，墓室分上下层，下层另辟为四个小墓室和两个脚厢，盖板石重达 2 吨②（图十八，5）。约在本阶段最后时期，出现墓道。如姚安寨子山 M1，该墓为“T”字形，分前后室，前室南北长 500、东西宽 140 厘米，后室东西长 750、南北宽 140、深 160 厘米。墓室于墓道交接处宽 90 厘米。墓道用两列大石砌成，长 500 厘米。③ 葬式大致是变化不大，前两种葬式仍在流行。个别墓葬中存在多种葬式，即祥云检村 M1。该墓为双层多室墓，“从残存的遗骨和少量牙齿在各层墓室中分布情况来看，入葬的人数在 10 人以上。在第一层墓室 M1 下—1 中，骨架紊乱，相互叠压，似属无序葬，在骨架上还压有 40—50 斤重的卵石。在 M1 下—2 中葬有 2 人，从骨架残存部分看，一个头朝北，一个头朝南，犹如

① 云南省文物工作队：《云南弥渡苴力战国石墓》，载《文物》1986 年第 7 期。

② 大理白族自治州文物管理所、祥云县文化馆：《云南祥云检村石椁墓》，载《文物》1983 年第 5 期。

③ 郭开云：《姚安清理石墓一座》，载《云南文物》1986 年总第 19 期。

一张床上两头各睡1人，相向侧身屈肢。M1下—3和M1下—4中各葬1人，皆为屈肢葬。脚厢2中有1人头骨。”[①] 这种用不同葬式来处理不同个体的现象到底是一种偶然行为，还是反映了个体之间不同的身份或相互关系，由于只有一例，难以深入讨论。同时，在墓西200厘米处有东西长40、宽28、深15厘米的石砌坑。出铜豆1件、编钟3件、尊1件，尊内装绿松石千余粒，白玉管、玛瑙珠45粒，报告同样把这些出土物归入墓葬的随葬品，坑的性质很可能属于祭祀坑。

第四阶段，滇北区目前只有零星发现，仅出土少量陶器，无铜器，与前一阶段几无联系，出现了汉式的两面翻水陶屋、陶鸡、陶牛以及盆、甑、釜等。葬式有捡骨二次葬。

三、川西南区

第一阶段，川西南区只在晚段有发现，各墓随葬品较少，数件不等。陶器有泥质和夹砂两种，制作粗糙，陶色多样，器类较为丰富，石器多小型者。墓葬结构为竖石成壁，竖石前先挖浅沟槽，植入大石后辅以土石嵌缝，并直接于四壁竖石上盖大石。墓室呈长方形，较浅。有墓门，无墓道。如西昌坝河M6，长430、宽120、深115厘米。顶盖4块大石，乱石封门，封土高207、宽410厘米，墓尾长420厘米[②]（图十九，1、2）。葬式方面，多数墓葬人骨不存，从可辨别者看有多人丛葬，其基本情况是，不分男女老幼，头骨、肢骨和随葬品杂乱堆放，死者数人至数十人甚至上百人不等。这种葬式可能是先让单个个体腐烂到一定程度，并累积到一定数量后再丛葬。本阶段出现的丛葬可归为多人一次丛葬，如川西南区安宁河流域西昌坝河M6，方向98度，至少有55个个体，骨架散漫墓室[③]（图十九，1）。川西南区无盖石构墓葬的葬式也属此类[④]。

---

① 大理白族自治州文物管理所、祥云县文化馆：《云南祥云检村石椁墓》，载《文物》1983年第5期。

② 西昌地区博物馆等：《西昌坝河堡子大石墓第二次发掘简报》，载《考古》1978年第2期。

③ 西昌地区博物馆等：《西昌坝河堡子大石墓第二次发掘简报》，载《考古》1978年第2期。

④ 凉山彝族地区考古队：《四川凉山昭觉石板墓发掘简报》，《考古学集刊》第1集，中国社会科学出版社，1981年。

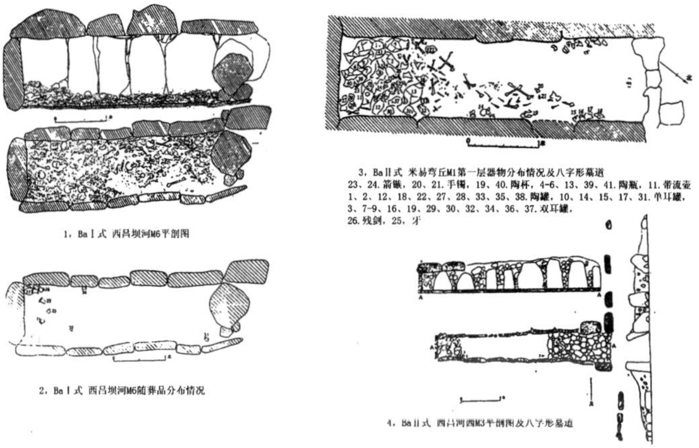

图十九 川西南区地上式 Ba 型石构墓葬平剖图（比例不一）

第二阶段，川西南区陶器种数量异常繁多，以带嘴壶、双耳罐、单耳罐、喇叭口罐、圈足罐为特色。铜器则出现了鱼尾柄剑、镞、环、镯。玉石器也有发现。另外在安宁河西小区的无盖石构墓葬也大致属本阶段，陶、石器较发达，铜器仅有零星的碎片。墓葬结构变化较大，竖石成壁墓之墓门外出现八字形竖石墓道。如米易弯丘 M1，长 500，宽 110 厘米。墓道残存一块竖石①（图十九，3）。又如西昌河西 M3，长 900、宽 106—140、深 130 厘米。狭长墓室，八字形墓道排列不整齐连贯，左侧长 560、右侧残长 400 厘米②（图十九，4）。本阶段还出现垒石成壁墓，有的近底部用竖石成浅壁，其上层层垒砌块石，再在其上盖大石。无墓道，墓室窄浅。如西昌大洋堆 DM1，长 256、宽 104、深 50 厘米。顶盖一块大石，长 270、宽 118、厚 54 厘米，重约 4 吨③（图二十，2）。又如大洋堆 DM2，长 220、宽 76、深 90 厘米（图二十，3）。该墓从图上可看出，土坑较深，约达 75 厘米，似为地下式墓。但报告中指出，其墓顶已被严重破坏，估计墓本身深度应超过土坑的深度，仍可视为地上式石构墓葬，该墓只出 5 件陶器，无铜器，这是早期阶段的特点。因此，把这种土坑较深的现象视为早期阶段地上式石构墓葬的特点，是合理的。葬式方面，除前一种外，出现了多人多次葬入，多次使用同一墓室，只流行于

---

① 凉山彝族自治州博物馆：《米易弯丘的两座大石墓》，《考古学集刊》第 1 集，中国社会科学出版社，1981 年。

② 西昌博物馆等：《四川西昌河西大石墓群》，载《考古》1978 年第 2 期。

③ 西昌市文管所等：《四川西昌市经久大洋堆遗址的发掘》，载《考古》2004 年第 10 期。

安宁河流域，如西昌坝河 M1，方向 80 度，所有骨架都堆叠在墓室西端长 300 厘米的范围内，自西向东倾斜，至少有 95 个个体①（图二十一）。另外，发现有用陶罐装人骨入葬，只在西昌经久大洋堆发现一例（DM2），该墓属第二阶段的垒石成壁墓，随葬品只有 5 件陶罐（图二十，3）。同处一墓地的 DM1 形制与之相同，但葬式不见此现象，人骨分三处摆放，为多人一次丛葬②。因此，前者的特殊葬式可能与死者的特殊性有关。

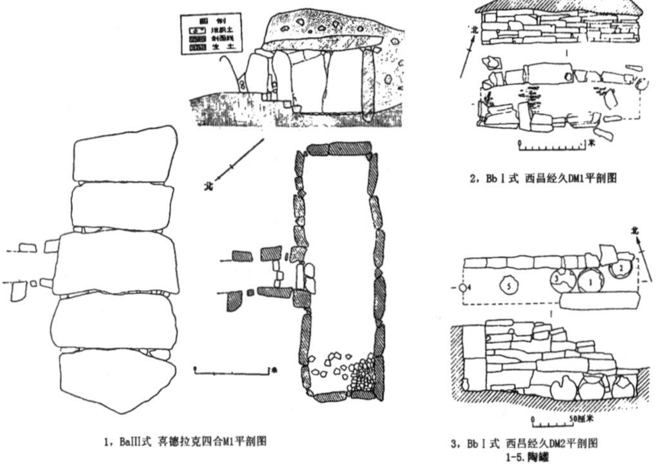

图二十 川西南区地上式 Ba 和 Bb 型石构墓葬平剖图（比例不一）

第三阶段，川西南区陶器种类突然减少，只有带嘴壶、双耳罐得以延续，仍以泥质黑陶或灰褐陶为主，制作较精细。铜器则突然增多，除前一阶段的镞、环、镯外，新增了发钗、刀、铃等，骨环、觿较流行，玉石器依然存在。晚段陶器种类有所增加，有四耳罐、釜，腹部附耳的风格较明显，传统器类多得以保存，但形态变化较大。制作较精，多有黑衣，部分器物肩腹部施以精细的点划纹。铜、骨、玉石器全面继承了前一阶段的因素，其中铜器种类明显增多，形态变化较大。这阶段墓葬结构异常复杂，呈繁荣之势，且竖石成壁墓和垒石成壁墓往往并存于同一墓地。竖石成壁墓墓室平面呈“T”字形，墓门侧出，门下有台阶，墓门外有两列竖石墓道。如喜德拉克四合 M1，

① 四川金沙江渡口西昌段安宁河流域联合考古队：《西昌坝河堡子大石墓发掘简报》，载《考古》1976 年第 5 期。

② 西昌市文管所等：《四川西昌市经久大洋堆遗址的发掘》，载《考古》2004 年第 10 期。

长760、宽250、深240厘米，墓道残长180厘米[①]（图二十，1）。垒石成壁墓墓室狭长，墓门或折收或缓收或微收成狭长墓道。如西昌坝河M1，全长1170、墓室长560、西端宽560、东端宽110厘米，最深处约270厘米，墓道长410、西端宽110、深250、东端宽82、深170厘米，用乱石封堵。封土圆丘高300、直径1300厘米[②]（图二十一）。

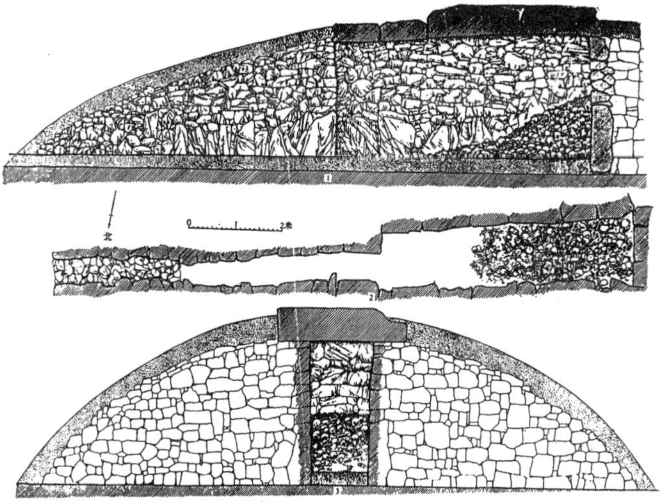

图二十一　川西南区地上式BbⅡ式西昌坝河M1平剖图

又如普格小兴场BM2，全长700、墓室长520、宽100、深200厘米。墓道长180、宽40厘米。墓门和墓道用乱石封堵[③]（图二十二，1）。又如喜德拉克四合M8，全长1130、墓室长680、宽100厘米。墓道长450、宽80厘米[④]（图二十二，2）。葬式仍流行前两种。同时，在属于早段的多人多次丛葬墓普格小兴场AM1[⑤]、冕宁三块石M1[⑥]内发现火烧人骨现象。这两例的共

① 凉山彝族地区考古队：《喜德拉克公社大石墓》，载《考古》1978年第2期。

② 四川金沙江渡口西昌段安宁河流域联合考古队：《西昌坝河堡子大石墓发掘简报》，载《考古》1976年第5期。

③ 凉山彝族自治州博物馆：《四川普格小兴场大石墓》，载《考古与文物》1982年第5期。

④ 凉山彝族地区考古队：《喜德拉克公社大石墓》，载《考古》1978年第2期。

⑤ 凉山彝族自治州博物馆：《四川普格小兴场大石墓群的调查与清理》，《文物资料丛刊》第10集，文物出版社，1987年。

⑥ 西昌地区博物馆：《冕宁三块石古墓葬清理发掘简报》，载《凉山彝族奴隶制研究》1978年第2期。

同点是，在整个墓室人骨堆放范围内，少量人骨有火烧痕迹，并在其近旁还发现有木炭、火把灰烬或烧土。公布的材料未详述烧骨痕迹，不知是有意的还是无意的。另外，在属于第二阶段的米易弯丘 M1、M2[①] 和属于第三阶段的西昌坝河 M1[②] 的墓底也发现少许木炭、和夹有稻壳痕迹的黑色土块，却未发现烧骨现象。因此，上述两例烧骨现象反映的不大可能是火葬习俗。我们认为这些木炭和火把灰烬可能是多次丛葬进入墓室时照明物的遗留，而这些少量烧骨则可能是被这些未烬照明物偶然灼烧所致。

第四阶段，川西南区发现也很少，随葬品中前一阶段的主要器类得以保留，铁器明显增多，新出现了银器和鎏金器，同时出土了西汉晚期的五铢和王莽时期的大泉五十。西昌西郊 M1[③] 中有火烧人骨现象。

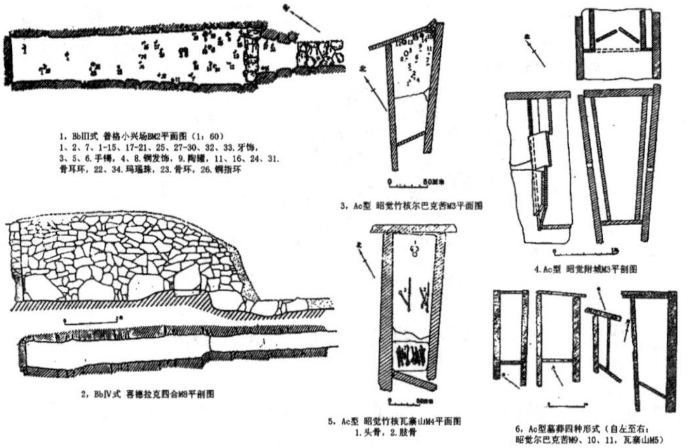

图二十二　川西南区 Bb 型和 Ac 型石构墓葬平剖图（比例不一）

川西南石构墓葬形制很复杂，有几个问题需要进一步讨论，一是墓内堆积问题，二是墓外设施问题。

墓内堆积问题，主要是填土问题：

地下式石构墓葬皆为一次使用墓室，多有石盖。但在盖石板前是否填土，

---

① 凉山彝族自治州博物馆：《米易弯丘的两座大石墓》《考古学集刊》第 1 集，中国社会科学出版社，1981 年。

② 四川金沙江渡口西昌段安宁河流域联合考古队：《西昌坝河堡子大石墓发掘简报》，载《考古》1976 年第 5 期。

③ 凉山彝族自治州博物馆：《四川西昌一号墓发掘简报》，《考古学集刊》第 3 集，中国社会科学出版社，1983 年。

据现有材料看，有的明确可见，如滇北区第一阶段 1997 年永仁磨盘地发掘的 8 座墓，墓内土色呈深褐色，含红烧土；[①] 还有第二阶段永仁维的[②]和第三阶段早段的弥渡苴力。[③] 有的则无，如滇西北区第三阶段早段的德钦纳古[④]和滇北区第三阶段晚段的祥云检村。[⑤] 当然，很多报告中未明确指明墓室内的土是埋葬的填土还是后来墓表土渗漏形成。如禄劝县阿巧小营盘石构墓葬，报告说“墓室内填满浅褐色土，土质疏松，包含炭屑、碎石、红烧土颗粒等。”但对土的性质则未作明确判断。[⑥] 地上式石构墓葬墓内堆积比较复杂，需作深入讨论。目前的发掘报告和很多相关文章都认为地上式石构墓葬均无填土，发掘中所见墓室中的土层皆为墓顶封土逐渐下渗形成的淤土，因为多次入葬人骨，自然不可能有填土。但是，笔者 2004 年 7 月在凉山地区搜集材料期间，有幸参与了对西昌洼垴石构墓葬的清理，并特别注意到其墓内堆积情况。清理结果表明：墓内土层可以分层，各层质地颜色不同，有一定的分布范围和厚度。各层也并不纯净，有少量炭屑和红烧土块，而且，根本没有所谓淤积现象。以前在西昌河西也有类似情况发现。[⑦] 而且炭屑和红烧土块不仅在墓室中普遍存在，封土堆积层中也有存在，如德昌阿荣 M1 封土第⑤层为深灰色亚砂土，并夹有少量红烧土颗粒及炭屑，而在墓室中第①至④层中，也包含有红烧土和炭屑。但土质土色与封土不同，为灰褐色黏土，或坚硬或疏松，尤其是第④层土质疏松，除炭屑外，还出土陶片、铜器和骨珠等。[⑧] 对此，我们推测，封土第⑤层和墓室内都含有红烧土和炭屑的现象，与当时人们埋葬时在墓室外围伴土后并在墓室内填土行为有关。这样，至少不能用淤土来简单概说墓内土层堆积，当然也不能据此判定地上式石构墓葬内土层堆积都是当时的填土。

---

① 于林非：《永仁菜园子石棺墓清理简报》，载《云南文物》1998 年总第 46 期。

② 楚雄彝族自治州文管所云南省博物馆文物工作队：《云南永仁维的石板墓发掘纪略》，载《云南文物》1986 年总第 19 期。

③ 云南省文物工作队：《云南弥渡苴力战国石墓》，载《文物》1986 年第 7 期。

④ 南省博物馆文物工作队：《云南德钦县纳古石棺葬》，载《考古》1983 年第 3 期。

⑤ 大理白族自治州文物管理所、祥云县文化馆：《云南祥云检村石椁墓》，载《文物》1983 年第 5 期。

⑥ 昆明市博物馆、禄劝县文物管理所；凉山彝族自治州博物馆、会理县文物管理所：《金沙江中游地区两处新石器时期石棺葬的发掘》，载《考古》2007 年第 11 期。

⑦ 西昌博物馆等：《四川西昌河西大石墓群》，载《考古》1978 年第 2 期。

⑧ 四川省文物考古研究院、凉山彝族自治州博物馆、西昌市文物管理所编著：《安宁河流域大石墓》第 22 页，文物出版社，2006 年。

实际上，这个问题直接与当时的葬式密切相关，试作如下分析：

第一，如前所述，地上式石构墓葬的葬式是多人多次丛葬和多人一次丛葬长期并存，并非全都是多人多次丛葬。多人多次丛葬的前提是墓室内始终有一个供人进出的空间，在遗迹现象上最明显的就是叠堆人骨中有间隙层。如喜德轱辘 M1 的两层骨架间有 5—10 厘米厚的淤土层，① 西昌坝河 M1 骨架间夹有零散的白膏泥、砂土和碎石块②（图二十一），西昌西郊 M1 出土器物和人骨的深度与分布共有 12 层。③ 同时其随葬品也有分层现象，笄、发钗、耳环均发现在头骨附近，部分手镯尚套在尺骨桡骨上。这种乱中有序的情况，正表明多人多次丛葬的存在。对这种堆积中的土层，报告认定为淤土，进而把它们作为多人多次丛葬的依据，是合理的。但是，当最后一次使用墓室时，墓室并未全被人骨占满，那么人们是否填土？同样是西昌坝河 M1 的报告指出：墓内填满淤土，土质与封土相同，但夹有少量炭屑和当地新石器时代的石器与陶器。这似乎表明，多人多次丛葬墓内人骨上的土层并非都是封土下渗形成的，不能排除有一部分为当时填土。目前，明确说明埋葬时有意识填土的只有德昌阿荣 M3，墓内有 3 层堆积（图二十三，1）。第（层为近现代堆积。第（层为干燥的黄灰色黏土，坚硬致密，堆积直至墓底，厚 0.46—0.72 米，在黄灰色黏土下即有人骨和随葬品，而在黄灰色黏土层层面上又出土一不完整人骨架和铁刀。第（层为墓底人工砌筑卵石层，整齐密集。看来，在土层之下和之上都有人骨和随葬品，这明显属于多人多次丛葬。同时，该墓墓室在封门前并未填满，墓门处出现较大缝隙后，致使墓穴内积有大量近现代垃圾，这又说明最后一次入葬后未完全填土。④ 这一点从阿荣 M4 的墓室堆积得以证实。由于墓前部有 1 块盖顶石断裂掉入墓内，导致墓室前后部堆积层分布、土质土色、包含物都有所不同。整个墓室深约 1.6 米，但堆积总厚度前部为 1.84 米，后部 1.46 米。正说明墓室还有部分空间未填满。但前后

---

① 凉山彝族自治州博物馆：《四川喜德县清理一座大石墓》，载《考古》1987 年第 3 期。

② 四川金沙江渡口西昌段安宁河流域联合考古队：《西昌坝河堡子大石墓发掘简报》，载《考古》1976 年第 5 期。

③ 凉山彝族自治州博物馆：《四川西昌一号墓发掘简报》，《考古学集刊》第 3 集，中国社会科学出版社，1983 年。

④ 四川省文物考古研究院、凉山彝族自治州博物馆、西昌市文物管理所编著：《安宁河流域大石墓》，第 40、138 页，文物出版社，2006 年。关于阿荣 M3 填土与人骨、随葬品之间的关系，报告前后有所不同，互有补充。

堆积各层中都有文化遗物，又显然是原有填土。[①]

第二，多人一次丛葬人骨无分层现象，或堆置墓底某处或散漫于墓室。前者如西昌大洋堆 DM1，人骨分置三堆[②]（图二十，2）。后者如西昌坝河 M6（55 人）[③]（图十九，1、2）。人骨散漫墓底，无分层，随葬品也无一定摆放规律。可惜的是，报告中都未明确记录其土层堆积情况，推测应有填土。有的报告指出，散漫墓室的人骨有一定厚度，如普格小兴场 AM1 骨架堆积达 30 厘米，[④] 喜德拉克四合有的墓内骨灰堆积达 40 厘米。[⑤] 又指出随葬器物与骨架混杂，如米易弯丘 M1[⑥] 和普格小兴场诸墓。而西昌洼垴 M1 和 M2 及德昌阿荣 M1 和 M4 之墓室内堆积都有明确的分层，但皆因人骨保存很差，其葬式又不明。[⑦] 因此，要根据现有材料来推定不同的葬式，进而推定是否有填土，是相当困难的。实际上，这两种情况在不同的葬式中都可能存在，而报告却忽略了人骨之间及人骨与填土之间的堆积情况，这是田野工作中的失误。因此，对人骨散漫墓室的葬式的判断，尤其要谨慎。本书暂把有一定堆积厚度，且与随葬品混杂者均归入多人多次丛葬。

第三，根据以上探讨，可以初步得出地上式石构墓葬的建构程序。多人多次丛葬墓为：平整地表——建造墓室——大石盖顶——封土——多人多次葬入——部分填土——封门——其他墓外设施。多人一次丛葬墓为：平整地表——建造墓室——多人一次葬入——墓室填土——大石盖顶——封土——其他墓外设施。

再讨论墓外设施：

主要有墓门、墓道、封土、墓尾、墓外附近的器物坑。这些设施又主要属地上式石构墓葬，墓道和器物坑在滇北区的第三阶段晚段至第四阶段也有

---

① 四川省文物考古研究院、凉山彝族自治州博物馆、西昌市文物管理所编著：《安宁河流域大石墓》，第 25 页，文物出版社，2006 年。

② 西昌市文管所等：《四川西昌市经久大洋堆遗址的发掘》，载《考古》2004 年第 10 期。

③ 西昌地区博物馆等：《西昌坝河堡子大石墓第二次发掘简报》，载《考古》1978 年第 2 期。

④ 凉山彝族自治州博物馆：《四川普格小兴场大石墓群的调查与清理》，《文物资料丛刊》第 10 集，文物出版社，1987 年。

⑤ 凉山彝族地区考古队：《喜德拉克公社大石墓》，载《考古》1978 年第 2 期。

⑥ 凉山彝族自治州博物馆：《米易弯丘的两座大石墓》，《考古学集刊》第 1 集，中国社会科学出版社，1981 年。

⑦ 四川省文物考古研究院、凉山彝族自治州博物馆、西昌市文物管理所编著：《安宁河流域大石墓》，第 31—35 页，文物出版社，2006 年。

发现。

墓门：一般用碎石封堵（图二十二，1；图二十一）。有的封门下压有人骨，如喜德拉克四合 M5、M6[①]和西昌坝河 M6[②]。有的门下用石块砌成小台阶，如喜德拉克四合 M7、M1[③]（图二十，1）、西昌河西 M2[④]。

墓道：墓壁向外延伸的部分。一般从墓门斜出竖石一排，成“八”字形或“一”字形，如西昌河西 M3（十九，4），又如西昌洼垴 M2，德昌阿荣 M1、M4；有的从侧壁延伸出两列竖石墓道，如喜德拉克四合 M1（图二十，1），又如德昌阿荣 M3。

封土：地下式石构墓葬目前无一例发现，地上式墓多有发现。在墓室外用块石拌以少量黏土堆成近圆形石丘，再在其上覆以泥土，有的在生土面上铺一层石子。如西昌坝河 M1，封土圆丘高 300、直径 1300 厘米[⑤]（图二十一）。又如笔者 2004 年 7 月参与清理的西昌洼垴 M1，封土比较完整。有的封土且可分层，如德昌阿荣 M3 封土可分为 4 层，封土与墓外壁之间有间隙坑，填以土石，以防墓壁向外倾倒（图二十三，2）。[⑥] 阿荣 M4 尾部封土残高 1.16 米，可分为 13 层，最底层下还铺有 0.6 米厚的石子（图二十三，3）。[⑦]

---

① 凉山彝族地区考古队：《喜德拉克公社大石墓》，载《考古》1978 年第 2 期。

② 西昌地区博物馆等：《西昌坝河堡子大石墓第二次发掘简报》，载《考古》1978 年第 2 期。

③ 凉山彝族地区考古队：《喜德拉克公社大石墓》，载《考古》1978 年第 2 期。

④ 西昌博物馆等：《四川西昌河西大石墓群》，载《考古》1978 年第 2 期。

⑤ 四川金沙江渡口西昌段安宁河流域联合考古队：《西昌坝河堡子大石墓发掘简报》，载《考古》1976 年第 5 期。

⑥ 四川省文物考古研究院、凉山彝族自治州博物馆、西昌市文物管理所：《四川西昌洼垴、德昌阿荣大石墓》，载《文物》2006 年第 2 期。

⑦ 四川省文物考古研究院、凉山彝族自治州博物馆、西昌市文物管理所编著：《安宁河流域大石墓》第 24—25 页，文物出版社，2006 年。

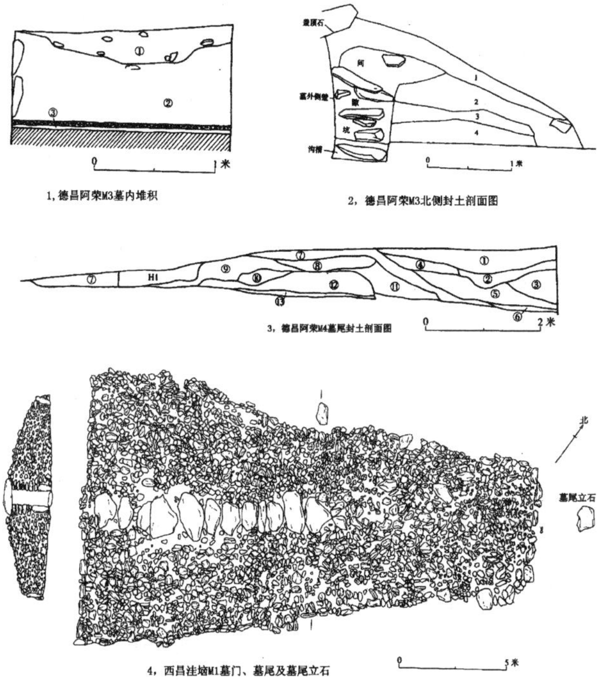

图二十三　川西南区地上式石构墓葬墓外设施

墓尾：封土继续向墓后延伸的部分。有的与墓后的山坡相连成浅斜坡道，长400—1000厘米不等。有的只稍作延伸，并在终端竖一石。西昌洼垴M1墓首尾两端各竖立一排屏风状大石，首端大石前方有一处缓坡堆积，可分为4层，其中有3层中出土了较多的陶器、陶片，同时墓尾端屏风状大石后2米处，又立一块大石（图二十三，4）。可能为标记性作用，或者是受到汉人墓上威仪性建筑的影响。

墓外祭祀遗迹：西昌大洋堆、樟木①和天王山②三处。大洋堆两个坑与DM1距离不一（图二十四，1），坑口平面不规则，填土疏松，皆有成组陶器出土（图二十四，2、3），而墓内未出随葬品。报告出于对大石墓（即本书的地上式石构墓葬）行二次葬习俗的考虑，初步认为“这两个灰坑可能是与大石墓有关的祭祀坑”。西昌天王山十号墓内无人骨和随葬品，在其东侧约100

① 西昌市文管所等：《四川西昌市经久大洋堆遗址的发掘》，载《考古》2004年第10期。

② 凉山彝族自治州博物馆：《四川天王山10号墓清理简报》，载《考古》1984年第12期。

厘米处的平地上发现9件陶器。在东南约200厘米处，用板石砌成长80、宽40、深44厘米的石框，内置4件陶器（图二十四，4）。报告也认为这些陶器为该墓的随葬品。西昌洼垴M1墓首端大石前方有一处缓坡堆积，可分为4层，其中有3层中出土了较多的陶器、陶片。德昌阿荣M1近墓门处倒塌的封门石下发现较多陶片，多破碎，且风化严重。德昌阿荣M4墓尾封土底部有一坑（H1），出土较多陶片，可辨别的器形有双耳罐、带嘴壶等。我们认为，这些墓外出土器物的坑或堆积，当与死者后人对其祭祀的活动有关。

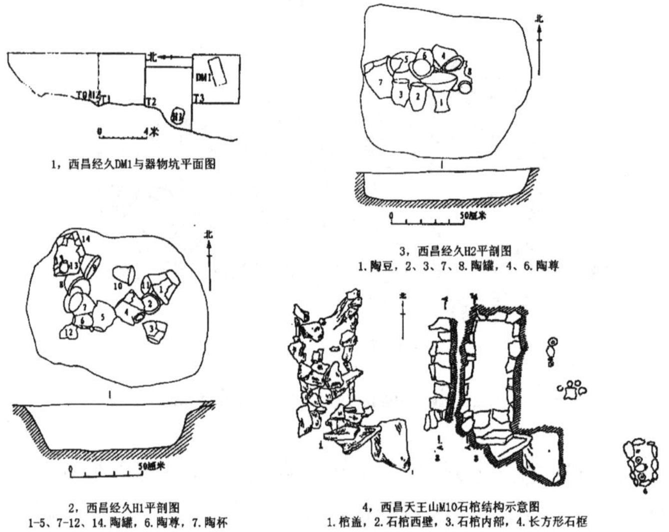

图二十四　川西南区石构墓墓外器物坑平剖图

此外，在滇西北区北部小区的中甸发现墓旁有类似的小石框，但未出遗物。①

鉴于上述川西南区地上式石构墓葬形制与葬式的复杂性，这里有必要对其关系和实质作进一步探讨。由表七可进一步得出以下结论：

1. 在同一时期的不同墓地，如属第二阶段的米易弯丘和西昌经久大洋堆；同一墓地的不同时期，如西昌坝河的第一阶段M6和第二阶段的M2、M3、M4、M5以及第三阶段的M1；甚至在同一时期的同一墓地，如第二阶段的西昌坝河M2、M3与M4、M5，两种形制各有偏重，但从总体上看，二者都同受

① 云南省文物考古研究所：《云南中甸的石棺葬》，载《云南文物》1993年总第36期。

重视，呈比肩发展的态势。表现为其规模不断扩大（墓室加长，变深，墓外设施越来越被重视），随葬品无明显差异。目前不知这种长期并存关系所象征的社会意义。

2. 两种基本葬式在两类墓中都存在，多人一次丛葬出现要早，但不占主导地位。第二阶段多人多次丛葬受其影响而晚出，并迅速成为主流，而垒石成壁墓也与之同时出现，这生动反映了地上式石构墓葬在铜器早期阶段埋葬习俗的重大变化。由于骨架保存普遍较差，加之田野工作中未对这两种基本葬式作明确判断，关于葬式与形制之间的内在关系无法探讨。

3. 两类墓同受重视，比肩发展，需要组织大量人力物力，应是权力的某种集中对社会公共事业的建设。男女老幼，数人至数十人乃至上百人的一次丛葬或多次丛葬，而各墓人数又有多少之别，这既反映了各墓主人们之间存在一定群属关系，也反映了这些群属规模大小不同。但这种群属关系不一定就是亲属关系，更可能是在一定时间内，在较大的族群中按死者多少而归入两类墓中。随葬品有增多的趋势，但都不甚丰厚，可能与当时物质生活水平低下有关，但更主要应与其葬俗中的平等观念和轻随葬品，重葬前仪式有关。正是通过生前共同建造大规模墓葬，死后陆续葬于一起的种种行为，体现其特殊葬俗礼仪。既是多人合葬，随葬品则归属不分明，故在器物上多不注重，而更在乎去追求整个墓葬建造的规模。

表七　川西南区地上式石构墓葬制统计表

时期（阶段）	墓地	墓号	墓室(长 cm×宽 cm－深 cm)		葬式		人骨堆积情况	随葬品	备注
			Ba 型（竖石成壁墓）	Bb 型（垒石成壁墓）	多人一次丛葬	多人多次丛葬			
一	西昌市郊燕家山	1	425×110－110			无存	陶平底罐 纺轮 3 石镞		
		2	450×127－115			无存	陶纺轮 8 小饰件 3 残石刀		
		3	325×100－125			无存	陶觚 纺轮 石镞		
	西昌市郊关山	4	210×100－160			无存	陶平底罐 4 瓶		
	西昌市郊袁家山	5	220×80－130			无存	陶平底罐 纺轮 2 石镞		

续表

时期（阶段）	墓地	墓号	墓室（长 cm×宽 cm－深 cm）		葬式		人骨堆积情况	随葬品	备注
			Ba 型（竖石成壁墓）	Bb 型（垒石成壁墓）	多人一次丛葬	多人多次丛葬			
一	西昌坝河	6	430×120－115		55 人		人骨散漫墓室，与随葬品分置	带嘴壶杯 3 瓶 网坠 残石刀 盘状砍砸器	
二	西昌河西	1	720×120－130		6 人		散漫墓后壁	铜刀剑骨耳环石凿	
	西昌坝河	2		420×80－250		17 人	人骨与随葬品混杂	铜镯 石珠	
		3		477×84－200		6 人	人骨被扰动，与随葬品混杂	铜镯 陶罐 石珠	
		4	315×122－105			人骨情况不明	铜环 陶三耳罐 带嘴壶圈足杯 纺轮		
		5	320×110－100			人骨情况不明			
	米易弯丘	1	500×110－157			?	人骨散漫墓室，厚 30 厘米，与随葬品混杂	铜剑 镞 陶单耳罐 11 双耳罐 29 平底罐 20 瓶 6 带嘴壶 3 杯 6 石珠若干	
		2	405×145－160		?	同上	铜镞 陶平底罐 14 单耳罐 12 双耳罐 50 杯 12 瓶 豆		
	西昌经久大洋堆	DM1		256×104－50	?		人骨分置三堆		
		DM2		220×76－90			无存	陶平底罐 5	

续表

时期(阶段)	墓地	墓号	墓室(长 cm×宽 cm－深 cm)		葬式		人骨堆积情况	随葬品	备注
			Ba 型(竖石成壁墓)	Bb 型(垒石成壁墓)	多人一次丛葬	多人多次丛葬			
三(早)	普格小兴场	AM2	105×100－90		4 人※		人骨零落,与随葬品混杂	铜镯 3 铜镞 刀 残石器	A 区墓地近 30 座墓,只清理 2 座。B 区墓地近 10 座墓,清理 5 座
		AM1		290×120－100		?	同上	陶带嘴壶 纺轮 铜镯 5 刀 3 镞 4	
		BM1		500×115－180		82 人	同上	铜镯 35 环 发饰 镞 牙觿 8 骨环 3 条石 3 玛瑙珠若干	
		BM2		520×100－200		?	同上	陶双耳罐 铜镯 4 环 发饰 2 牙觿 19 骨耳环 5 玛瑙珠 2	
		BM4		520×130－170		125 人	同上	铜镯 8 发饰 3 牙觿 17 骨耳环 3 条石 2 石珠 4	
		BM5		?		48 人	同上		
	西昌河西	2	710×120－140				无存	双柄鱼纹铜刀 素面铜刀 铃 4 镯 3 条石 2 残陶罐 3	
		4		910×170－230			无存	陶纺轮 铜镯 2 骨耳环 条石 3	
		5		840×160－210			无存	铜刀 铃	
	西昌坝河	1		560×156－270		95 人	人骨厚 140 厘米,分层堆积	铜镯 9 环 2 铃 2 发饰 5 刀 骨耳环 4 骨发饰 石珠 4	
	德昌果园	1	720×195－220			无存			发现 5 座,清理 2 座
		2	610×? －200			无存	铜镯 2 环镞 刀饰片骨珠 6 石珠 2		

续表

时期(阶段)	墓地	墓号	墓室(长 cm×宽 cm－深 cm)		葬式		人骨堆积情况	随葬品	备注
			Ba 型（竖石成壁墓）	Bb 型（垒石成壁墓）	多人一次丛葬	多人多次丛葬			
三（早）	冕宁三块石	1	730×120－80			17 具骨架	人骨重叠，其中有照明用过的木炭灰烬和被灼烧过的人头骨	陶平底罐 铜镯 10 镞 8 扣饰 2 刀 银镯 银针	
三（晚）	喜德拉克四合	1	760×250－240			?	人骨散漫墓室，有的堆积达 40 厘米，与随葬品混杂	陶釜 4 三耳罐 铜发饰 五铢 4 石镞	
		5	?			?		石镞	
		6	670×300－220			?		陶带嘴壶 双耳罐 斜肩罐 杯 铜刀 管状器 2 铁环 骨锥 骨璜等	
		7	?			?		铜环 刀	
		8		680×100－?		?		陶双耳罐和单耳罐 16 铜印章 刀 铃 发饰 环 2 文帝四铢半两钱 铁环 骨耳环 石凿	
	西昌河西	3	900×140－130			无存	陶四系罐 圈足罐 五铢 2 残铁器 3		
	西昌西郊	1		1100×150－160		125 人	人骨分层叠堆，有炭屑、三处火把灰烬和一具近旁的火烧骨	陶单耳罐和双耳罐 7 壶 5 金环 2 铜镯 12 发饰 15 铃 3 矛 镞 2 针 7 饰品 58 铁锸 总计 196	
	西昌北山	1		820×120－280			无存	铜镯 2 环铃 发饰 3 筒形器石玦	

续表

时期（阶段）	墓地	墓号	墓室（长cm×宽cm－深cm）		葬式		人骨堆积情况	随葬品	备注
			Ba型（竖石成壁墓）	Bb型（垒石成壁墓）	多人一次丛葬	多人多次丛葬			
三（晚）	西昌小花山	1	730×140－200			?	人骨散漫墓室，厚约30厘米	陶罐 半月形石刀2 半月形铜刀 镰 钺 环4 发饰6 饰片7 锥状器12 轮形器2 镞2 扣饰 残环首铁削 玛瑙珠	
	西昌黄水塘	1	680×150－180		?		仅存零星肢骨、牙齿	陶单耳罐2 铁环首削2 条石	
	西昌洼垴	1		840×120－200			残存，不可辨识	陶罐、带耳罐、钵，铜泡，铁刀2，条石	共5座，发掘2座。
		2	660×150－175				无存	陶罐，骨珠、骨玦、三角形骨饰，玛瑙珠，条石	
	德昌阿荣	1	820×100－?				无存	墓室内夹砂陶片、铜饰件、骨珠；封门石下发现较多陶片	共4座，1座只残存两块墓壁石。
		3	720×230－190			1具以上	墓底和填土面上皆有人骨残存	陶单耳罐3、无耳罐、双耳罐、带嘴壶、高领罐2，铁刀，绿松石	
		4	830×180－160				无存	陶双耳罐、带嘴壶、四耳罐，铜手镯，玛瑙珠，条石	

续表

时期（阶段）	墓地	墓号	墓室（长 cm × 宽 cm − 深 cm）		葬式		人骨堆积情况	随葬品	备注
			Ba 型（竖石成壁墓）	Bb 型（垒石成壁墓）	多人一次丛葬	多人多次丛葬			
四	喜德拉克四合	1	740 × 90 − 170			20余人	人骨分层叠堆，与随葬品混杂	陶单耳罐4 鎏金铜环11 鎏金筒泡钉4 镯8 耳环6 铃 发饰 扣饰7 五铢 大泉五十 环首铁削7 银环9 条石 珠类9 共计60	3座，清理1座
	西昌天王山	10		220 × 80 − 40			无存	陶罐4 陶高足杯3 封土重发现卷云纹瓦当等	

说明：※该墓形制特别，呈长方形，极短浅，不可能为多人多次丛葬。

各墓随葬品中未标明数量者皆为1件。

第二节　各区域石构墓葬的比较

一、随葬品方面

把凡是石构墓葬中共有的文化因素和石构墓葬与土坑墓共有的文化因素，归为公共文化因素，把凡是石构墓葬独有的文化因素归为独立文化因素。包括以下四类：

A 类：三大区域石构墓葬皆有的文化因素。仅有双耳罐、单耳罐、纺轮、绿松石、玛瑙等少数几种，尤其前两种特征器物并非在各区域各阶段都存在，而且，在不同阶段变异较大，形态差异明显，在不同区域比重悬殊。滇西北区和川西南区各有自己较清晰的演变轨迹，而滇北区只在第二阶段流行，另外在纹饰风格，陶质陶色方面的区别也很突出。这类公共文化因素的最大特点是“貌合神离、藕断丝连”。

B 类：毗邻区域石构墓葬中共有的文化因素。滇西北区和滇北区共有的文化因素只表现在铜器上，有山字纹剑、矛、镯、圆形饰牌。滇北区与川西南区共有的文化因素仅有铜铃和镯两种。滇西北区与川西南区共有的文化因素也只有铜镞和扣饰两种。这类公共文化因素特点可概括为“毗邻之交，不绝如缕”。

C类：石构墓葬同与之交错并列的土坑墓共有的文化因素。主要体现在铜器繁荣阶段的滇北区和滇西北区石构墓葬与土坑墓之间。陶器有单耳罐、双耳罐、平底罐等，铜器有山字纹剑、丫字纹剑、曲柄剑、双圆柄剑、铜柄铁剑、镞、凹口矛、曲刃矛、环首削、平首刀、钺、尖叶锄、条形锄、平口铃、凹口铃、镯、纽钟、镦、凿、豆、尊、卷经杆、动物形杖首、饰件、泡饰、鎏金铜饰、圆形饰牌等。玉石等杂器有绿松石、玛瑙珠、玉管、海贝、铁镯等。其中，滇西北区在铜器和陶器上都与土坑墓存在共有文化因素，滇北区只在铜器上与当地土坑墓存在共有文化因素。但就总体而言，两个区域的石构墓葬与土坑墓之间的文化面貌表现出相当的一致性。这类公共文化因素特点可概括为“如影随形、情同手足”。

D类：各区石构墓葬独有的文化因素。川西南区表现较为明显，陶器有带嘴壶、喇叭口罐、圈足罐、觚等，铜器有发钗、轮形饰、汉式钱币，骨器有环、觿。滇北区独有的文化因素只有第一、二阶段的盘口小平底无耳罐、瓶、小平底双耳罐和单耳罐，进入铜器繁荣阶段后不复存在。滇西北区的独有文化因素是双大鋬耳罐和单耳罐。这两个区石构墓葬中的铜器都不是独立发展起来的，如前所述，皆来自土坑墓。

通过以上分类可以初步看到：

（1）各区石构墓葬中共有文化因素很少（A类），表明它们之间缺乏广泛的文化联系。但单耳罐、双耳罐这两种基本文化因素在各区都存在，则表明这两种文化因素是根深蒂固的最底层的文化传统，只是差异性越来越大，延续时间各有长短。

（2）毗邻区域共有文化因素以铜器为主（B类），集中在铜器繁荣阶段，相似性越来越明显，在这种文化交流中滇北区稍占优势，这种优势显然是以当地土坑墓为代表的青铜文化的繁荣为支撑的。

（3）石构墓葬与土坑墓之间的共有文化因素最多最广泛（C类），凡是石构墓葬有者，土坑墓皆有，集中体现在铜器繁荣阶段的滇北区和滇西北区，表明这两个区石构墓葬与土坑墓之间的密切联系和土坑墓的主导地位。

（4）各区独有的文化因素很少（D类），主要集中在川西南区，这表明其文化明显区别于另两个区域石构墓葬和土坑墓文化系统，具有鲜明特点。另外两区在发展过程中都受到土坑墓的强烈影响，独立因素越来越弱。

二、墓葬结构方面

金沙江中游石构墓葬一般由石底、石盖、石壁三部分组成。结合绪论部分的分类原则，按墓室与地表的关系，分为地下式（A类）和地上式（B类）两大类型。所谓地下式，是指事先挖好墓坑（有的还在墓坑下挖出浅沟槽），再在墓坑内用石块砌筑墓室，从而使得墓室主体部分隐埋于地表之下（图十八，1、3）。所谓地上式，是指在建墓前平整地表，只挖浅沟槽以安置壁石，从而使得墓室主体部分搁置或隆起于地表之上（图二十，1）。这两种不同类型，实质上反映的是不同的建墓观念和文化传统。地上式石构墓葬只集中分布于安宁河流域，地下式石构墓葬在滇北区和滇西北区有广泛分布，安宁河西小区无盖石构墓葬也属地下式。现按其自身演变规律作型式分析，适当照顾区域性特征。

A型（地下式）

一般为长方形墓室，局部区域因地形影响呈不规则长方形。底部多石块铺砌，有的则只稍加平整或用陶片砂土等其他材料，壁外有的衬以土石。顶盖石板，无封土。根据四壁构筑方式的不同，分三亚型。

Aa型　竖石成壁，长方形墓室，多有石盖石底。往往在坑底挖出深15—25厘米的浅沟槽，以植入石板。该型石构墓葬主要分布在滇北区。按墓室平面变化分三式：

AaⅠ式　单室，竖石较细小，不甚规范，有倾斜度，头端宽，足端窄。如永仁磨盘地（1982年）M27，墓室残长235厘米、头端宽53厘米、近足端宽28厘米、深52厘米。倾斜度5度，石板镶嵌不严整，随葬品置头端①（图十八，2）。又如该地点（2001年）M2②（图十八，3）。

AaⅡ式　多室，无墓道，竖石较大，石板镶嵌讲究。如姚安黄牛山M1，墓室分前后两室，之间用两块石板直立，前室宽，后室窄。全长660厘米、

① 楚雄彝族自治州文管所、云南省博物馆文物队：《云南永仁永定镇石板墓清理简报》，载《文物》1986年第7期。

② 云南省文物考古研究所：《云南永仁菜园子．磨盘地遗址2001年发掘报告》，载《考古学报》2003年第2期。

前部宽153厘米、中部宽143厘米、后部宽133厘米、深230厘米。墓顶盖五块大石，长近200厘米、宽45—100厘米[①]。又如弥渡苴力M7，墓室分主室和分厢，人骨分置三处[②]（图十八，4）。再如祥云检村M1，墓室分上下层，下层另辟为四个小墓室和两个脚厢，盖板石重达2吨[③]（图十八，5）。

AaⅢ式　多室，有墓道，竖石较大。如姚安寨子山M1，该墓为“T”字形，分前后室，前室南北长500厘米、东西宽140厘米，后室东西长750厘米、南北宽140厘米、深160厘米。墓室于墓道交接处宽90厘米。墓道用两列大石砌成，长500厘米[④]。

Ab型　垒砌成壁，多有石盖石底，墓室窄浅。这类石构墓葬主要分布在滇西北区的北部小区。按墓室平面变化分三式：

AbⅠ式　墓室呈圆角不规则方形或长方形，底部较平。如中甸中克M25，平面近长方形，内室长140厘米、宽100厘米、深80厘米[⑤]（图十七，1）。又如中甸中布M7，平面为圆角长方形，内室长100厘米、宽52厘米、深47厘米[⑥]（图十七，2）。

AbⅡ式　墓室平面呈较规则长方形。如德钦纳古M6[⑦]（图二十二，3）。

AbⅢ式　墓室平面呈较规则长方形，且两墓室相连。如德钦纳古M13与M14，M22与M21（原报告认为M14为M13的附棺）[⑧]（图十七，4、5）。

Ac型　石构墓葬除上述情况外，还有川西南区安宁河西小区昭觉的无盖竖石成壁墓，这类墓不宜归入Aa型中，暂定为Ac型。

其基本特征为：墓室平面多不规整，略呈梯形，长140—300厘米，宽20—100厘米，墓坑很浅，发现时墓室不同程度地暴露于地表之上。四壁各用一块未经加工的石板竖直而成，底为一块完整的石板铺垫，底板上再铺一层泥土。无盖板，

---

① 姚安县文化馆：《云南姚安西教场黄牛山石棺墓》，载《考古》1984年第7期。

② 云南省文物工作队：《云南弥渡苴力战国石墓》，载《文物》1986年第7期。

③ 大理白族自治州文物管理所、祥云县文化馆：《云南祥云检村石椁墓》，载《文物》1983年第5期。

④ 郭开云：《姚安清理石墓一座》，载《云南文物》1986年总第19期。

⑤ 云南省文物考古研究所：《云南中甸的石棺葬》，载《云南文物》1993年总第36期。

⑥ 云南省文物考古研究所：《云南中甸的石棺葬》，载《云南文物》1993年总第36期。

⑦ 云南省博物馆文物工作队：《云南德钦县纳古石棺葬》，载《考古》1983年第3期。

⑧ 云南省博物馆文物工作队：《云南德钦县纳古石棺葬》，载《考古》1983年第3期。

填以泥土。墓室长宽比例悬殊，各墓大小差别较大[①]（图二十二，3—6）。

B 型（地上式）

顶盖大石。有封土，墓尾，部分有墓门，墓底用碎石或砾石铺平，有的则铺一层砂土。由于自然力作用和人为扰动，封土墓尾多不存，仅墓顶大石基本得以保存，外观呈圆丘状，远远望去，好像一只只蹲兽，在荒郊野岭若隐若现。按墓壁构筑方式和规模不同，分二亚型。

Ba 型　竖石成壁，辅以土石嵌缝，并直接于竖石上盖大石。墓室呈长方形，较浅。按墓的平面变化分三式：

Ba Ⅰ式　有墓门，无墓道。如西昌坝河 M6，长 430 厘米、宽 120 厘米、深 115 厘米。顶盖 4 块大石，乱石封门，封土高 207 厘米、宽 410 厘米，墓尾长 420 厘米[②]（图十九，1、2）。

Ba Ⅱ式　墓门外有八字形竖石墓道。如米易弯丘 M1，长 500 厘米、宽 110 厘米。墓道残存一块竖石[③]（图十九，3）。又如西昌河西 M3，长 900 厘米、宽 106—140 厘米、深 130 厘米。狭长墓室，八字形墓道排列不整齐连贯，左侧长 560 厘米、右侧残长 400 厘米[④]（图十九，4）。

Ba Ⅲ式　墓室平面呈“T”字形，墓门侧出，门下有台阶，墓门外有两列竖石墓道。如喜德拉克四合 M1，长 760 厘米、宽 250 厘米、深 240 厘米，墓道残长 180 厘米[⑤]（图二十，1）。

Bb 型　垒石成壁，有的近底部用竖石成浅壁，其上层层垒砌块石，再在其上盖大石。按墓室平面的变化分四式：

Bb Ⅰ式　无墓道，墓室窄浅。如西昌大洋堆 DM1，长 256 厘米、宽 104 厘米、深 50 厘米。顶盖一块大石，长 270 厘米、宽 118 厘米、厚 54 厘米，重约 4 吨[⑥]（图二十，2）。又如大洋堆 DM2，长 220 厘米、宽 76 厘米、深 90 厘米（图二十，3）。该墓从图上可看出，土坑较深，约达 75 厘米，似为地下式墓。但报告中指出，其墓顶已被严重破坏，估计墓本身深度应超过土坑的深

---

① 凉山彝族地区考古队：《四川凉山昭觉石板墓发掘简报》，载《考古学集刊》第 1 集，中国社会科学出版社，1981 年。

② 西昌地区博物馆等：《西昌坝河堡子大石墓第二次发掘简报》，载《考古》1978 年第 2 期。

③ 凉山彝族自治州博物馆：《米易弯丘的两座大石墓》，《考古学集刊》第 1 集，中国社会科学出版社，1981 年。

④ 西昌博物馆等：《四川西昌河西大石墓群》，载《考古》1978 年第 2 期。

⑤ 凉山彝族地区考古队：《喜德拉克公社大石墓》，载《考古》1978 年第 2 期。

⑥ 西昌市文管所等：《四川西昌市经久大洋堆遗址的发掘》，载《考古》2004 年第 10 期。

度，仍可视为地上式石构墓葬，该墓只出5件陶器，无铜器，这是早期阶段的特点。因此，把这种土坑较深的现象视为早期阶段地上式石构墓葬的特点，是合理的。

BbⅡ式　墓室狭长，墓门折收成狭长墓道。如西昌坝河M1，全长1170厘米、墓室长560厘米、西端宽560厘米、东端宽110厘米，最深处约270厘米。墓道长410厘米、西端宽110厘米、深250厘米、东端宽82厘米、深170厘米，用乱石封堵。封土圆丘高300厘米、直径1300厘米[①]（图二十一）。

BbⅢ式　墓室狭长，墓门缓收成狭长墓道。如普格小兴场BM2，全长700厘米、墓室长520厘米、宽100厘米、深200厘米。墓道长180厘米、宽40厘米。墓门和墓道用乱石封堵[②]（图二十二，1）。

BbⅣ式　墓室窄长，墓门微收成狭长墓道，墓道与墓室宽度相当。如喜德拉克四合M8，全长1130厘米、墓室长680厘米、宽100厘米。墓道长450厘米、宽80厘米[③]（图二十二，2）。

以上各型式在各区域演变序列及存续大致时间如下表所示（表八）。

表八　金沙江中游各区石构墓葬形制演变序列表

年代	商—西周早期（形成期）		西周中期—春秋早期（初步发展期）	春秋中期—西汉中期（繁荣期）		西汉晚期—东汉（衰落期）
	早段	晚段		早段	晚段	
阶段	一		二	三		四
滇北区	AaⅠ————	————	————	————	————	————
		AaⅡ————	————	————	————	————
					AaⅢ————	————
滇西北区	AaⅠ————	————	————	————	————	———— （?）
		AbⅠ————	————	————	————	————
					AbⅡ————	————
					AbⅢ————	————

① 四川金沙江渡口西昌段安宁河流域联合考古队：《西昌坝河堡子大石墓发掘简报》，载《考古》1976年第5期。

② 凉山彝族自治州博物馆：《四川普格小兴场大石墓》，载《考古与文物》1982年第5期。

③ 凉山彝族地区考古队：《喜德拉克公社大石墓》，载《考古》1978年第2期。

续表

年代	商—西周早期（形成期）早段	商—西周早期（形成期）晚段	西周中期—春秋早期（初步发展期）	春秋中期—西汉中期（繁荣期）早段	春秋中期—西汉中期（繁荣期）晚段	西汉晚期—东汉（衰落期）
川西南区	（安宁河西小区）			Ac ——	——	（?）
	Ba Ⅰ ——	——	——	——	——	——
		Ba Ⅱ ——	——	——	——	——
					Ba Ⅲ	—— （?）
		Bb Ⅰ ——	——	——	——	——
					Bb Ⅱ ——	——
					Bb Ⅲ ——	——
					Bb Ⅳ	——

据上表，可把金沙江中游石构墓葬结构演变的基本特征概括如下：

第一，至迟在第一阶段晚段，石构墓葬已具备了地上式和地下式两种基本形态，且都为竖石成壁墓。地下式石构墓葬最先出现于滇北区，随后扩展至滇西北区南部小区。地上式石构墓葬在川西南区西昌附近出现稍晚。

第二，第二阶段滇北区地下式竖石成壁石构墓葬出现了双墓室，同时在川西南区的安宁河西小区出现了无盖石构墓葬。滇西北区北部小区则出现了地下式的垒石成壁墓。川西南区地上式竖石成壁墓由无墓道发展到八字形墓道，同时又出现了垒石成壁墓。

第三，第三阶段各类型石构墓葬得以充分发展，特别是地上式石构墓葬的各种形制变得复杂，且并存于同一墓地。这种现象一直未被注意到，其背后的原因值得深究。

第四，第四阶段除滇北区地下式竖石成壁墓出现了墓道外，没有新的墓葬形制产生。

总体上看，虽然地上式和地下式石构墓葬从早到晚有一个区域性的相对独立的发展演变过程，但又有一定相似之处，都遵循着从竖石成壁到垒石成壁，单室到多室，无墓道到有墓道的演变轨迹（如下图）。

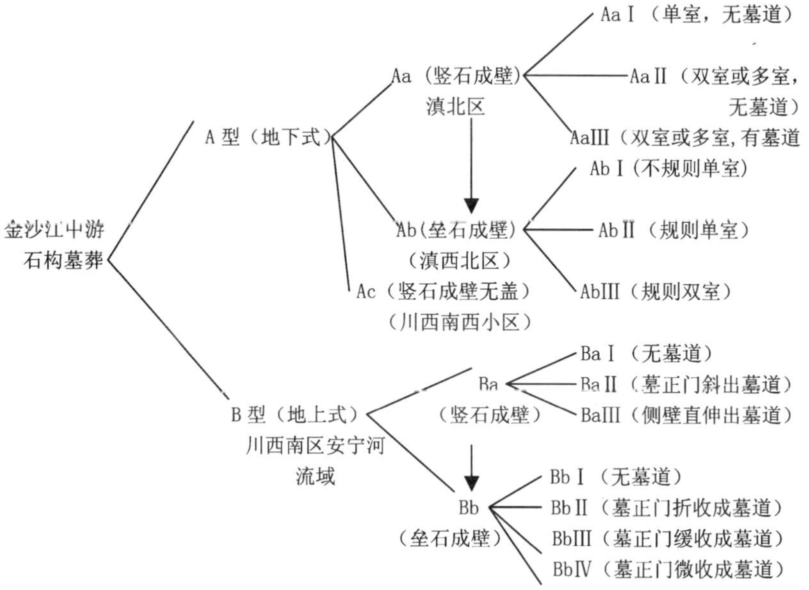

三、葬式方面

金沙江中游石构墓葬由于酸性土壤条件和特殊的埋葬方式，人骨保存较差。就目前的材料看，葬式较复杂，主要有单人一次直肢葬、单人一次屈肢葬、单人二次葬、多人一次丛葬、多人多次丛葬等几种。均无葬具。

单人一次直肢葬：在滇北区和滇西北区第一、二阶段皆有发现。如滇北区永仁磨盘地（2001年）M2，方向296度，仅存少量肢骨，无随葬品①（图十八，3）。又如中甸中克M23，骨架保存较完整，方向94度，俯身直肢，为一青年女性，无随葬品②（图十七，6）。

单人一次屈肢葬：目前仅在滇西北区北部小区有发现，其中又有仰身屈肢和侧身屈肢两种情况。前者如中甸中布M6，方向350度，为青年女性，双臂下垂，右腿弯曲置于腹部，左腿弯曲在盆骨下，无随葬品（图十七，7）。后者如中甸中克M25，方向95度，为中年男性，上肢微曲，下肢呈蹲坐状，

---

① 云南省文物考古研究所：《云南永仁菜园子·磨盘地遗址2001年发掘报告》，载《考古学报》2003年第2期。

② 云南省文物考古研究所：《云南中甸的石棺葬》，载《云南文物》1993年总第36期。

未见随葬品[①]（图十七，1）。

单人二次葬：目前能确认的只有中甸中布 M02，（原报告定为解肢葬），方向 315 度，青年女性，骨架位置与人体结构有些不一致，肢骨上端与头骨相接，而臂骨与腿骨平行放置。头骨旁葬单耳罐一件[②]（图十七，8）。另外，在滇北区第四阶段的大理海东石构墓葬也有类似葬式[③]。

单人一次屈肢葬和单人二次葬与墓室大小有内在的一致性，但到底是葬式决定墓室结构，还是墓室结构决定葬式，难以判定。

多人丛葬：在整个川西南区和滇北区第二、三阶段流行。其基本情况是：不分男女老幼，头骨、肢骨和随葬品杂乱堆放，死者数人至数十人甚至上百人不等。这种葬式可能是先让单个个体腐烂到一定程度，并累积到一定数量后再丛葬。可分为多人一次丛葬和多人二次丛葬。前者指多人一次葬入后填土加墓盖，如滇北区的弥渡苴力 M7，方向 80 度，有三堆人骨，共有头骨 40 个，陶器、铜器与之混杂[④]（图十八，4）。又如川西南区安宁河流域西昌坝河 M6，方向 98 度，至少有 55 个个体，骨架散漫墓室[⑤]（图十九，1）。川西南区无盖石构墓葬的葬式也属此类[⑥]（图二十二，5）。后者指多人多次葬入，多次使用同一墓室（后面将做详细论述），只流行于安宁河流域，如西昌坝河 M1，方向 80 度，所有骨架都堆叠在墓室西端长 300 厘米的范围内，自西向东倾斜，至少有 95 个个体[⑦]（图二十一）。这里把川西南区安宁河流域的地上式石构墓葬中的葬式分为两类，与过去的认识不一（后文将作详细讨论）。

上述各葬式在不同区域的演变序列大致如下（表九）：

① 云南省文物考古研究所：《云南中甸的石棺葬》，载《云南文物》1993 年总第 36 期。

② 云南省文物考古研究所：《云南中甸的石棺葬》，载《云南文物》1993 年总第 36 期。

③ 杨德文：《大理洱海东岸石棺墓清理简报》，载《云南文物》1992 年总第 33 期。

④ 云南省文物工作队：《云南弥渡苴力战国石墓》，载《文物》1986 年第 7 期。

⑤ 西昌地区博物馆等：《西昌坝河堡子大石墓第二次发掘简报》，载《考古》1978 年第 2 期。

⑥ 凉山彝族地区考古队：《四川凉山昭觉石板墓发掘简报》，《考古学集刊》第 1 集，中国社会科学出版社，1981 年。

⑦ 四川金沙江渡口西昌段安宁河流域联合考古队：《西昌坝河堡子大石墓发掘简报》，载《考古》1976 年第 5 期。

表九　金沙江中游各区石构墓葬葬式演变序列表

年代	商—西周早期（形成期）早段	商—西周早期（形成期）晚段	西周中期—春秋早期（初步发展期）	春秋中期—西汉中期（繁荣期）早段	春秋中期—西汉中期（繁荣期）晚段	西汉晚期—东汉（衰落期）
阶段	一		二	三		四
滇北区	单直	——	——	——	——	——
		多一	——	——	——	——
					单二	——（?）
滇西北区	单直	——	——	——	——	——
		单屈	——	——	——	——
					单二	——
川西南区	（安宁河西小区）		多一	——（?）		
		多一	——	——	——	——
		多多	——	——	——	——

单直：单人直肢葬；单二：单人二次葬；单屈：单人屈肢葬；多一：多人一次丛葬；多多：多人多次丛葬。

从表中可见：

第一，至迟至第一阶段晚段金沙江中游石构墓葬已具备了两种基本葬式，即单人葬和多人葬。具体地讲，滇北区和滇西北区南部小区出现的是单人直肢葬，川西南区安宁河流域出现的是多人一次丛葬。

第二，第二阶段两种基本葬式全面发展，单人葬主要在滇西北区北部小区，多人葬则有扩展之势，除了安宁河流域外，在滇北区和安宁河西小区的无盖墓中也很流行。尤其是无多人葬传统的滇北区出现了多人一次丛葬。这与前面揭示的滇北区自第二阶段以来流行的大石筑墓，有某种内在一致性，表明其受川西南区的明显影响。但二者差异性仍很突出：随葬品几无联系，人骨放置方式不同，地上式与地下式传统泾渭分明。两个区域间在葬俗上的这种既有一定联系，又有很大区别的现象，值得进一步探讨。

第三，第三阶段各区葬式变化不大，不同葬式在同一区域并存。

第四，第四阶段葬式迅速减少，呈明显衰落之势。

总体上看，金沙江中游各区石构墓葬葬式复杂多变，但又有一定规律性，遵循着从单人到多人，一次到多次的演变轨迹（如下图）。

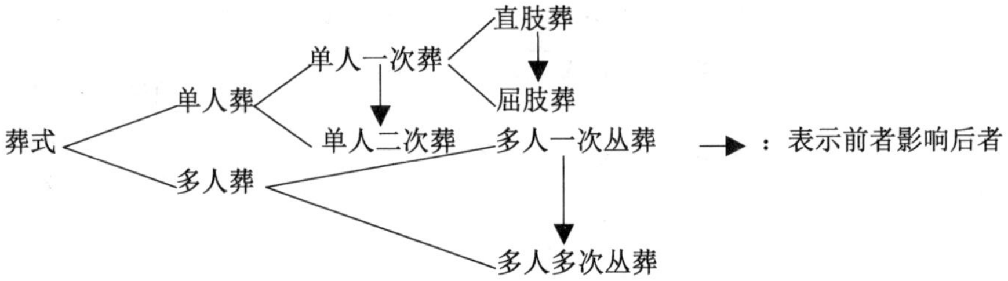

以上对四个阶段演变的区域特征作了较为详细的分析，同时亦就一般的特征作了一定分析，概括如下：

（1）整个金沙江中游各区石构墓葬，无论随葬品还是葬制从早到晚都是差异性大于共同性，各区自有特点和演变轨迹。川西南区独立性尤其明显，其次是滇西北区，滇北区则呈跳跃发展之势。各区之间文化交流时有时无，“不绝如缕，藕断丝连”，滇北区与滇西北区文化交流稍多。双耳罐、单耳罐貌合神离，而滇北区与滇西北区铜柄铁剑、山字纹剑则如出一辙；滇北区第二、三阶段以大石构墓葬和多人一次丛葬与川西南区地上式墓“亲如兄弟”，墓外之墓道和祭祀坑，也与后者有相似之处，而随葬品几无联系，人骨放置不同，地上式与地下式传统泾渭分明，又使二者判若两人。

（2）陶器器类单一，以罐类为主，制作粗糙，纹饰简单，多平底器，少圈足器。滇西北区带耳罐较发达，川西南区除带耳罐外，还常见圈足器，第三阶段多在肩腹部饰点划纹。滇北区早晚陶器变异大，第一、二阶段和第三、四阶段之间几无联系。川西南区安宁河流域地上式墓陶器演变轨迹最为清晰（图十八），滇西北区次之（图十九），滇北区缺乏连续性。前两个区陶器都各有特色，即使是双耳罐和单耳罐，其演变过程和装饰纹样都表现出截然不同的特色。各区陶器基本形态都经历了从无耳到有耳的演变轨迹。带耳器则大致是耳和鼓腹不断下移，颈部越来越细小分明。铜器以小件器物为主，短兵器和饰品发达，一直占据主导，生产工具类型单调，仅有锄、刀、卷经杆等，且只在局部区域流行（滇北区）。铁器以铜柄铁剑为特色。

（3）墓葬结构和葬式多样，且长期并存。地上式和地下式形制大致遵循着从竖石成壁到垒石成壁，单室到多室，无墓道到有墓道的演变，葬式大致遵循着从单人到多人，一次到多次，直肢到屈肢的演变。

（4）汉式文化的输入迫使金沙江中游石构墓葬转向，走向衰亡。但各区的衰亡情况和过程又有所不同。滇北区主要受了汉式文化的冲击，很快消亡。滇西北区由于材料未公布，无法确认。川西南区则经历了缓慢的衰亡过程，一方面是对前一阶段文化的继承，另一方面又不得不接受外来汉文化的强烈影响。

第三节　石构墓葬类型和特点的形成原因

以上分析了三大区域石构墓葬演变的区域性特征和一般特征，下面再来探讨这种文化特征、关系和格局形成的原因。

一、自然地理环境原因

（1）小生态条件下的石构墓葬

所谓小生态，如第一章所述，指由剥蚀面、河谷、湖盆组成的不连续而狭小的活动场所。人们的生产生活长期处于这种封闭半封闭状态中，只能依赖相对有限的自然资源和低下的生产力水平，维系其简单的社会分工和组织结构。这是石构墓葬长期存在、滞缓发展、缺乏文化交流的重要原因。墓地或墓群规模也不大，墓葬之间分布并不密集，几无打破关系，表明人口数量不大，密度不高。特别是川西南安宁河流域石构墓葬，在 81 处分布地点中，上 10 座墓葬的墓群极少，只有 4 处。一般墓群只有 2—8 座墓，还有 34 处只有 1 座墓，[①] 这一方面与多人合葬有关，但与自然资源的有限和生产力水平的低下有更直接的关系。

（2）以石筑墓与自然地理环境的关系

石构墓葬的石结构是人们适应当地多山少地，多石少土环境的产物。石材来源方便，又可防水土流失；以粗糙不经加工的石板或块石作葬具，反映了人们对自然原始性的依赖心理。滇西北区北部小区石构墓葬墓室多不规整，窄小，浅短，明显受制于当地浅壤陡坡的地势。川西南区安宁河流域的地上式石构墓葬，竖石和盖石都很大很重，具有相当的稳定性，可能与其墓室建于地表有关，当然，也可能与预防当地地震有关。[②]

（3）随葬品构成与自然地理环境的关系

随葬品组合、类型、特征和丰富程度直接反映了人们适应改造自然的能

---

① 四川省文物考古研究院、凉山彝族自治州博物馆、西昌市文物管理所编著：《安宁河流域大石墓》第 5 页，文物出版社，2006 年。

② 罗开玉：《川西南与滇西大石墓试析》，载《考古》1989 年第 12 期。

力。滇北区和川西南区地势相对平缓，多生活用具和生产工具，一定程度上反映其相对发达的经济技术水平和稳定的生活状态。而滇西北区生存条件要恶劣得多，多兵器，少生活用具和生产工具，一定程度上反映其不太稳定的生活状态。但从总体上看，随葬品经济技术含量单薄，层次低。陶器以罐类为主，烧造、制作和装饰工艺水平一直很低。铜器中流行的剑、矛、钺、刀、镦等，形态变化不大，短小，一般长 15—25 厘米，最长不过 30 厘米，短者仅 10 厘米左右。这表明其主要用于防御（野兽或敌人）和披荆斩棘。锄是唯一一种生产工具，也很短小轻薄，只适应于耕耘浅薄的土壤。小件器物占很大比重，以动物形（鸡、牛、马）和不规则几何形为主，这一方面反映其饲养业有一定的发展，同时也说明其技术和艺术一直处于低水平的发展状态。

（4）葬式与自然地理环境的关系

滇西北区北部小区的单人屈肢葬与墓室的狭小密切相关，且间接受制于地理环境。川西南区的多人丛葬，应是葬俗和自然环境共同作用的结果。就后者而言，很可能是为了节约土地，尽可能保留有限的生产生活空间。而滇北区第二阶段也出现多人丛葬，则可能是受了川西南区的影响，与自然地理环境应无多大关系。

二、文化关系原因（涉及的一些重要问题，将在下一章详述）

（1）石构墓葬最先出现在滇北区和川西南区，与金沙江中游新石器时代晚期文化的发展有密切关系。滇北区第一阶段早段的地下式石构墓葬，属于大墩子遗址和磨盘地遗址文化堆积的一部分，直接表明了其文化来源。川西南区安宁河流域地上式石构墓葬在地层上一般晚于当地新石器文化堆积，但与其有着一定的继承性，如陶器中的小平底的喇叭口罐、带嘴壶、带耳罐，修饰风格的涂黑衣、施点划纹，墓室的浅显长条形。总之，石构墓葬在金沙江中游的出现，一些共同文化传统的形成，是当地早先文化发展的产物。

（2）铜器繁荣阶段（第三阶段），居于主导地位的土坑墓所代表的青铜文化因素长期影响、制约和主导了石构墓葬的发展，这是滇北区和滇西北区石构墓葬文化特征形成和繁荣的重要因素。川西南区远离土坑墓文化势力范围，基本上未受其影响，从而独立发展出了与前两者迥然有别的青铜文化。

（3）石构墓葬内部各文化因素发展程度低，成分单一，变化滞缓，层次结构不严密，各区之间发展不平衡，文化间的交流“不绝如缕，藕断丝连”。这固然与地理环境有关，但各区之间文化发展的不平衡性、内部的浅层次性、单一性，也是极为重要的因素。一方面单一性和不平衡性使得交流成为可能和必要，另一方面，浅层次性又使得这种交流不具有强烈的愿望和动力，无法打破地理环境的局限。

（4）石构墓葬的衰落与汉式文化的输入和冲击，以及整个西南夷地区的文化转型直接相关。《史记·西南夷列传》、《汉书·西南夷两粤朝鲜传》、《汉书·司马相如传》都有关于自西汉武帝开拓西南夷以来，中央王朝在金沙江中游石构墓葬分布地区设置郡县，派遣汉官、军队及眷属的明确记载。汉式文化随着政治势力的介入而不断输入。从第四阶段石构墓葬出土的文化面貌可以清楚地看出其受影响的情况。滇北区随葬品已主要是汉式器物，转变比较快速彻底，而川西南区安宁河流域除了少量钱币铁器外，还更多地长期保存着传统文化因素，同时墓尾端屏风状大石后又立一块标记性大石，可能是受到汉人墓上威仪性建筑的影响，表明土著对外来汉文化的主动接纳与改造。滇西北区南部小区也仍有大量早期文化的遗留。这些差别反映了其受影响程度的不同，但上述文献未有详细记载，具体原因不知。

第四章　文化属性分析

石构墓葬与当地新石器时代晚期的居址和土坑墓、铜器繁荣时代的居址和土坑墓、滇文化以及川西藏东地区的石构墓葬，存在不同层次不同性质的文化关系。本部分对石构墓葬与这些相关遗存之间作文化因素分析，以探讨石构墓葬的源流及其文化属性。对这些问题有了比较确切地把握之后，再结合相关文献材料作一定探讨。

第一节　与金沙江中游新石器时代晚期文化比较

金沙江中游新石器时代晚期的遗存有居址和土坑墓，发掘的地点属滇北区的有元谋大墩子①、永仁菜园子、磨盘地②、宾川白羊村③、南华孙家屯④等，属川西南区的有西昌礼州⑤、杨家山⑥等，属滇西北区的有维西戈登⑦、丽江大东热水塘⑧等。以下分区域进行比较。

---

① a. 云南省博物馆：《元谋大墩子新石器时代遗址》，载《考古学报》1977 年第 1 期。

b. 王国付：《元谋大墩子新石器遗址重要新成果》，载《楚州古今》1999 年第 3 期。

② a. 肖明华、张兴永、郑良：《云南永仁菜园子新石器遗址调查简报》，载《云南文物》1983 年总第 14 期。

b. 云南省博物馆：《云南永仁菜园子新石器时代遗址调查》，载《考古》1985 年第 11 期。

c. 云南省文物考古研究所：《云南永仁菜园子・磨盘地遗址 2001 年发掘报告》，载《考古学报》2003 年第 2 期。

③ 云南省博物馆：《云南宾川白羊村遗址》，载《考古学报》1981 年第 3 期。

④ 云南省文物考古研究所：《云南南华县孙家屯墓地发掘简报》，载《考古》2001 年第 12 期。

⑤ 礼州遗址联合考古发掘队：《四川西昌礼州新石器时代遗址》，载《考古学报》1980 年第 4 期。

⑥ 刘世旭：《西昌杨家山新石器时代晚期遗存》，《文物资料丛刊》第 5 集，文物出版社，1981 年。

⑦ 云南省博物馆：《云南维西戈登村新石器》，载《云南文物》1985 年总第 18 期。

⑧ 木基元：《丽江金沙江的考古发现与研究》，载《中华文化论坛》（金沙江文化专号）2002 年第 2 期。

一、滇北区

1. 石构墓葬与大墩子类型文化遗址比较

1982年在永仁菜园子、磨盘地遗址边缘发现30座石构墓葬，并通过探沟探出这类石构墓葬属遗址堆积的一部分①（具体层位关系在第一章滇北区东小区的分期讨论中已详述）。2001年在磨盘地发现7座，打破晚期文化堆积，无随葬品。② 1999年在元谋大墩子遗址发现1座完整、但十分简陋的婴儿石构墓葬，5座成人或婴儿土坑石盖墓（图二十五，1、2）。石构墓葬未出土器物，石盖墓中有小平底无耳罐。③ 这两处遗址文化面貌接近，同属一个文化类型，即大墩子文化类型。④ 特别是发现了最简陋的石构墓葬与土坑石盖墓同属大墩子遗址的中期，为石构墓葬的来源找到了重要线索。另外，据磨盘地2001年的发现，第一阶段石构墓葬可晚于当地新石器文化，并不全属其文化范畴。

1. 石构墓葬

2. 土坑石盖墓

图二十五　元谋大墩子遗址石构墓葬与土坑石盖墓（楚雄博物馆张家华先生提供）

第一阶段石构墓葬，尤其是早段，普遍缺乏随葬品。遗址出土物比石构墓葬要丰富得多，初步比较可知，石构墓葬陶器中的盘口无耳罐、瓶、带耳罐、

---

① 楚雄彝族自治州文管所、云南省博物馆文物工作队：《云南永仁永定镇石板墓清理简报》，载《文物》1986年第7期。

② 云南省文物考古研究所：《云南永仁菜园子·磨盘地遗址2001年发掘报告》，载《考古学报》2003年第2期。

③ 王国付：《元谋大墩子新石器遗址重要新成果》，载《楚州古今》1999年第3期。

④ 李昆生：《试论云南新石器时代文化》，见《云南考古学论集》，第45—48页，云南人民出版社，1998年。

纺轮，石器中的斧、锛、镞等与遗址中的同类器物基本一致（图二十六）。

据上述地层关系和随葬品的一致性可推断，金沙江中游最早的石构墓葬应产生于当地新石器时代晚期的大墩子文化类型。

2. 石构墓葬与土坑墓比较

大墩子、白羊村、孙家屯均有土坑墓发现，但三者差别较大。

1972 年和 1973 年在大墩子遗址中共发现 37 座墓。其中有 19 座竖穴土坑墓，一般长 175—185 厘米、宽 45—60 厘米、深 10—30 厘米。墓主皆青年男女。葬式复杂，以砍断死者肢骨，倒置于胸腹部或盆骨两侧的断肢葬最为特殊，此外，有仰身直肢、侧身、俯身、屈肢等多种葬式。除 1 座墓内随葬 1 件石锛外，其余 18 座墓皆无随葬品，且墓主遗骨内多发现有石镞。另外还有 17 座儿童瓮棺葬和 1 座圆坑墓。[①] 1999 年在该遗址发现早、中、晚三期文化堆积，其中早期包括半地穴式房屋及其近旁的土坑墓，中期如前所述，是浅沟槽房屋及其近旁的石构墓葬和石盖墓，晚期为地面房屋及其近旁的瓮棺葬。[②] 这三期文化堆积清晰地表明了土坑墓早于石构墓葬的基本事实。

关于石构墓葬与大墩子类型文化中这种土坑墓的关系，段志刚先生通过对二者的分布特征、葬式、随葬品情况，以及与遗址的关系详细比较后，得出一个重要结论：大墩子文化土坑墓死者是遗址房屋主人用来奠基的牺牲者，故为断肢等葬式，且无随葬品；遗址边缘密集分布的石构墓葬才是这个文化的氏族墓葬。[③] 我们认为这个结论对大墩子类型文化中两种不同墓葬地位和功能的判定基本可信，但把土坑墓墓主皆归于“奠基的牺牲者”则有待商榷。

1973 年和 1974 年，在白羊村遗址地层内清理 34 座墓。其中有 24 座土坑墓，一般长 160—185 厘米、宽 45—70 厘米、深 25—30 厘米。头向不一，葬式多样，有单人葬和合葬，单人葬中有一次葬和二次葬。以仰身直肢葬为主，少量屈肢葬。其中 16 座无头葬最为特殊。除土坑墓外，还有儿童瓮棺葬 9 座，成人瓮棺葬 1 座。所有墓葬皆无随葬品。白羊村遗址与大墩子遗址在房屋建筑、瓮棺葬、土坑墓和石器等方面有相似之处，但陶器迥然有别。[④] 就土坑墓而言，二者都发现于遗址内，葬式复杂多样，皆无随葬品，这些表明了

---

① 云南省博物馆：《元谋大墩子新石器时代遗址》，载《考古学报》1977 年第 1 期。

② 王国付：《元谋大墩子新石器遗址重要新成果》，载《楚州古今》1999 年第 3 期。

③ 段志刚：《对元谋大墩子新石器时代遗址成人墓葬的几点看法》，载《云南文物》1990 年总第 27—28 期。

④ 云南省博物馆：《云南宾川白羊村遗址》，载《考古学报》1981 年第 3 期。

它们之间的某种内在联系。由于白羊村遗址中未发现石构墓葬，故无法作进一步探讨。

2000 年在孙家屯墓地清理 70 座长方形竖穴土坑墓，随葬品均为夹砂陶器，多红褐色。器类有双耳罐、单耳罐、釜、壶、盘等，多素面，肩部有的施乳钉，器底多有叶脉纹。时代与大墩子文化相当，距今 4000—3500 年。属第一阶段晚段的永仁维的石构墓葬出土的带耳罐与之很相近，二者都以夹砂红褐陶为主，而这种器物罕见于大墩子类型文化中，显然这是石构墓葬在发展过程中吸收周边同时期文化的结果。属第二阶段的姚安黄牛山也有与之类似的陶器，但双耳和鼓腹明显下移，釜则由垂腹变为深腹（图二十六）。

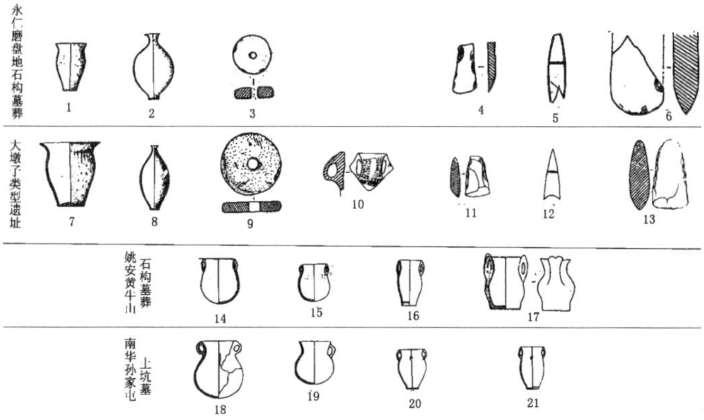

图二十六　滇北区第一、第二阶段石构墓葬与新石器时代晚期居址、土坑墓出土器物对比图（比例不一）

1. M9：3，2. M12：1，3. M27：3，4. M24：1，5. M23：2，6. M16：1，7. T3：3，8. T3③：6，9. T2：26，10. T1410②：14，11. T5051④：13，12. T8：5，13. T5052③：4，14. 14－17. 原报告无编号，18. M34：8，19. M10：2，20. M7：1，21. M21：2（10、13 为磨盘地，7、8、9、11、12 为大墩子出土。）

以上从遗址和墓葬两方面探讨了滇北区第一、第二阶段石构墓葬与当地新石器时代晚期文化遗存的关系，概括如下：

第一，根据地层关系、分布范围以及遗物的相似性，可推知金沙江中游最早的石构墓葬应产生于大墩子文化类型。

第二，石构墓葬以其密而不乱的分布，完整的形态，稳定的单人直肢葬葬式和随葬品的不断丰富，与土坑墓和瓮棺葬的结构简陋，葬式凌乱不统一，无随葬品等现象，形成鲜明对比，表明石构墓葬是大墩子类型文化的主要墓葬形式。

第三，石构墓葬在发展过程中除了继承大墩子文化因素，还吸收了周边的一些文化因素，如南华孙家屯的带耳罐。

二、川西南区

目前发现的地上式石构墓葬都晚于当地新石器时代晚期文化，在礼州遗址、普格瓦打洛遗址、冕宁三分屯遗址、西昌樟木遗址、德昌果园遗址都有反映。[①] 可资比较的仅有礼州的材料。第一阶段和第二阶段石构墓葬的器物形态、纹饰与礼州遗址土坑墓出土同类因素，如带嘴壶、喇叭口罐、双耳罐、纺轮有一些联系（图二十七）。另外，陶器黑衣的装饰风格在以后的石构墓葬中都存在，土坑墓的浅长条形墓室也可能影响了地上式石构墓葬墓室结构。当然，这些微弱联系还不足以表明石构墓葬就是来源于礼州遗址所代表的新石器时代晚期文化。

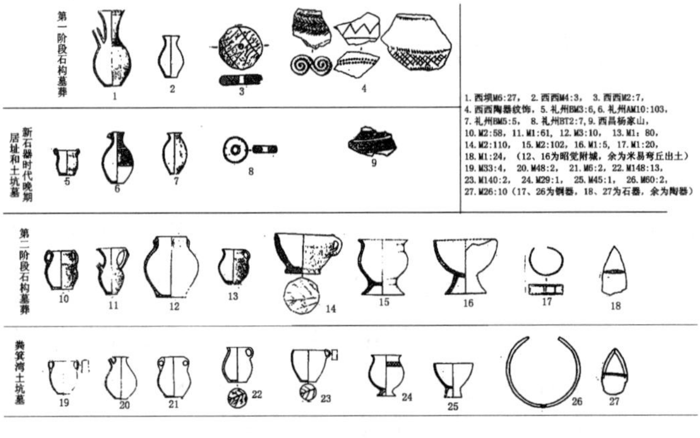

图二十七　川西南区第一、第二阶段石构墓葬与相关遗存出土物对比图（比例不一）

最近，江章华结合最新的考古发现，更进一步地分析了安宁河流域从大约距今4500年至东汉早期的考古学文化大致经历了三个大的阶段，土著文化因素长期传承发展，但也强调指出齐家文化和滇西北地区的青铜文化等外来

① 罗开玉：《川西南与滇西大石墓试析》，载《考古》1989年第12期。

文化因素的不断影响，甚至不排除有外来族群的迁入。“大石墓文化”正是土著的横栏山文化与外来齐家文化融合发展的产物，先是Ⅰ类大石墓，在其发展过程中，又受到从滇西北区来的新的外来文化影响，从而形成Ⅱ类大石墓。江氏的分析是建立在考古学材料基础上的，论证严谨，看法比较中肯，有利于对安宁河流域大石墓文化的探索。[①]

三、滇西北区

仅在北部小区范围内发掘维西戈登一处，为洞穴遗址，陶器以夹砂大板耳灰罐为特色，另有磨光石斧、穿孔石刀等。[②] 陶器带耳风格与石构墓葬有某种联系，但目前发现的石构墓葬与遗址材料都很少，时代又相距遥远，难以说明它们有直接继承关系。另据木基元先生介绍，1983 年在属滇西北区北部小区的丽江东 70 余公里，金沙江支流黑白水河沿岸的大东热水塘，发现有新石器文化遗址，与大墩子属同一类型。他初步认为：“我们不排除金沙江中游的文化逆江而上传播的可能性，从永胜星湖河口发现的一座石棺墓及其随葬物，似可证明是这一文化北上的遗存，或者说在这一时期该地域内即有同期文化的传播。”[③] 若此推论可靠，南部小区的石构墓葬的来源和属性不言而喻，应与滇北区相同。

第二节　与金沙江中游青铜文化比较

进入青铜时代，金沙江中游的考古遗存除石构墓葬外，还有土坑墓、瓮棺葬、居址和窖藏，现先对其与石构墓葬有关的遗存作简单分类考察，再作分区比较。

一、金沙江中游青铜文化遗存分类

1. 土坑墓

主要根据随葬品特征和分布区域的不同，分为以下四类：

---

① 江章华：《安宁河流域考古学文化试析》，载《四川文物》2007 年第 5 期。

② 笔者在迪庆藏族自治州博物馆亲眼所见。

③ 木基元：《丽江金沙江的考古发现与研究》，载《中华文化论坛》（金沙江文化专号）2002 年第 2 期。

A类：主要分布在滇北区西小区。以楚雄万家坝[①]、祥云大波那[②]、宾川夕照寺[③]、洱源北山、金梭岛[④]、大理海东向阳村[⑤]等地点为代表。铜器丰富，有山字纹剑、铜柄铁剑、曲刃矛、凹口矛、曲刃戈、镦、锄、钺、铜鼓、编钟、平口铃、凹口铃、卷经杆、铜容器、镯、动物饰件（俑、杖首）等，缺乏陶器。多有木棺，有的甚至为铜棺。

有早晚之别，由于陶器太少，只能根据铜器的整体面貌的差异性，大致分为三期。早期：以楚雄万家坝Ⅰ类墓为代表。铜器有山字纹剑、钺、矛、锄等。墓室小，一般长200—300厘米、宽100厘米、深100—500厘米。少数有木棺、二层台、腰坑。中期以楚雄万家坝Ⅱ类墓，祥云大波那M1、M2为代表。铜器种类和数量异常丰富，除早期的器类外，新出现了尖叶锄、长条形锄、蛇头纹剑、编钟、铜鼓、釜、镦、杯等。墓室大小悬殊，大型墓发现较多。大墓墓室长400—700厘米、宽120—400厘米、深400—700厘米。万家坝木棺用原木刨成独木棺，形体笨拙。大波那木棺用卯槽结构构成，还出现了木椁铜棺墓。晚期以宾川夕照寺、洱源北山、金梭岛、大理海东向阳村为代表。出现了铁器，如铜柄铁剑、铁刀，山字纹剑变化明显，铜器明器化，动物俑、曲刃矛、锄较多。

B类：主要分布在三个区域交界地带。以宁蒗大兴镇[⑥]、剑川鳌凤山[⑦]、永胜金官[⑧]、盐源毛家坝老龙头[⑨]等地点为代表。陶器较为普遍，以双耳罐、

---

① 云南省文物工作队：《楚雄万家坝古墓葬发掘报告》，载《考古学报》1983年第3期。

② a. 云南省文物工作队：《云南祥云大波那木椁铜棺墓清理报告》，载《考古》1964年第12期。

b. 大理白族自治州文管所：《云南祥云大波那木椁墓》，载《文物》1986年第7期。

③ 宾川县文化馆：《宾川县石棺墓、土坑墓调查简报》，载《云南文物》1992年总第31期。

④ 大理文管所杨德文先生告知，共有30余座。

⑤ 杨明宝、田怀清：《大理海东龟山发现汉代古墓》，载《云南文物》1986年总第19期。

⑥ 云南省博物馆文物工作队：《云南宁蒗县大兴镇古墓葬》，载《考古》1983年第3期。

⑦ 云南省博物馆文物队：《剑川鳌凤山古墓发掘报告》，载《考古学报》1990年第2期。

⑧ 易学钟：《云南永胜金官龙潭出土青铜器》，载《云南文物》1986年总第19期。

⑨ 蒙西昌博物馆馆长刘弘先生允许参观并使用，部分材料发表于：

a. 刘世旭：《凉山的考古与民族》，载《四川文物》1992年第4期。

b. 姜先杰等：《凉山地区的考古新发现》，载《中华文化论坛》（金沙江文化专号）2002年第2期。

c. 刘弘、唐亮：《老龙头墓葬与盐源青铜器》，载《中国历史文物》2006年第6期。

d. 凉山彝族自治州博物馆、成都市文物考古研究所：《老龙头墓地与盐源青铜器》，文物出版社，2009年。

单耳罐、平底或圈足的侈口深腹罐为主。铜器以双圆饼剑、丫字纹剑、曲柄剑、平口矛、无胡直内戈为特色。多有木棺。

有早晚之别，据陶器和铜器的变化分早晚两期。早期以剑川鳌凤山A类墓、宁蒗大兴镇、鹤庆黄坪为代表。陶器种类丰富，主要有双耳罐、单耳罐、圈足罐三种。多泥质灰褐陶，部分有黑衣，肩腹部多饰水波纹、乳钉纹。铜器有山字纹剑、双圆饼剑、曲刃矛、钺、戈、凿、刀等。墓室长170—250厘米、宽100厘米、深50—300厘米。鳌凤山墓地因地形限制，有的墓更浅短，部分有木棺。晚期以鳌凤山B类墓、永胜金官、盐源老龙头为代表。陶器种类减少。多灰黑陶，纹饰以腹部饰螺旋纹为主。铜器比早期丰富，变化明显，曲柄剑、戈、矛、各种山字纹剑较多见，树形铜饰件较有特色。老龙头大型墓葬中发现了起源于滇北区的铜鼓。铁器出现，有米点纹铜柄铁剑、铁矛、铁樽等。墓室规模较大，大墓一般长300—600厘米、宽150—500厘米。有木椁，有的有二层台、殉人、殉牲。该墓地大中型墓墓顶皆盖以2—6块巨石，即土坑石盖墓，有的还在填土中铺一层不规则的小石板。

A、B两类土坑墓由于分布邻近，文化上多有联系，但二者的关系并不平衡，A类墓中的山字纹剑、曲刃戈、钺、铜鼓、编钟、凹口铃、镯等在B类墓中常见，而B类墓中的特色器物在A类墓中很少发现。

C类：仅有滇西北区北部小区的德钦石底一个地点。① 陶器主要有带螺旋纹双耳罐、单耳罐、侈口浅腹平底罐，与B类墓器物有一定联系。铜器有山字纹剑、镦、凹口矛、杯、动物饰件等，与A类墓中晚期铜器联系较多（图七）。

D类：在四川会理境内黎溪、普隆、河口、雷家山有大量分布，以粪箕湾墓地和雷家山一号墓②为代表。陶器较丰富，有无耳侈口深腹或浅腹罐、乳钉纹罐、单耳罐、圈足罐、圈足碗（这两种圈足器报告定为豆）、钵、双耳罐、壶，除平底器外，圈足器较发达，肩腹部多饰几何形纹样。铜器种类单一，数量很少，仅有个别矛、锄（报告定为钺）、削、镯、泡饰。未发现葬具，人骨几不存。部分墓用一至数块石板或石块围砌墓室。时代有早晚之别。早期以无耳侈口罐、单耳罐为主，个别墓有铜器。晚期陶器较丰富，除早期

① 云南省文物工作队：《德钦石底古墓》，载《云南文物》1982年总第12期。

② a. 唐翔：《会理城河流域的古代文化遗存》，载《四川文物》1992年第4期。

b. 会理县文管所等：《四川会理县粪鸡湾墓群发掘简报》，载《考古》2004年第10期。

c. 成都市文物考古研究所、凉山彝族自治州博物馆、会理县文物管理所：《四川会理县雷家山一号墓的发掘》，载《考古》，2010年第4期。

流行的器物外，新出现了不同形态的双耳罐、钵、壶、瓮、瓶、单耳杯。铜器仍很少见。D类墓陶器中的圈足罐，在B类墓早期有少量发现，表明它们有某种联系，但总体上看，自身特色较明显，而铜器中的矛、锄、镯则与A类墓中期较接近。

2. 居址和窖藏：

居址有剑川海门口，[①] 大理洱海沿岸鹿鹅山、大墓坪、金梭岛、银梭岛，[②] 位于A、B类墓交错地带。

窖藏有弥渡合家山[③]、云龙布麻[④]、永平仁德[⑤]，处于A类墓分布范围及其西部边缘。通过其出土铜器与土坑墓的对比，可分三期。海门口遗址如前所述，为云南地区最早的青铜文化遗址。其中的铜钺、斧、环在A、B类墓中，尤其是A类墓中常见，而陶器中的带耳、圈足风格则主要在B类墓中得到延续。大理的三个地点与三个窖藏文化内涵基本同于A类墓，时代相当于其中、晚期。

以上土坑墓和居址、窖藏的早晚对应关系如下表（表十）：

表十 金沙江中游部分土坑墓与居址窖藏早晚关系对应表

类型 / 早晚关系	土坑墓				居址和窖藏
	A类墓	B类墓	C类墓	D类墓	
1					早期
2	早期			早期	
3	中期	早期		晚期	中期
4	晚期	晚期	与晚期相当		晚期

① a. 肖明华：《云南剑川海门口青铜时代早期遗址》，载《考古》1995年第9期。

b. 云南省文物考古研究所等：《云南剑川县海门口遗址第三次发掘》，载《考古》2009年第8期。

② a. 杨益清：《云南大理收集到一批汉代铜器》，载《考古》1966年第4期。

b. 云南省文物考古研究所等：《云南大理市海东银梭岛遗址发掘简报》，载《考古》2009年第8期。

③ 云南省文物考古研究所：《云南弥渡合家山出土古代石、陶范和青铜器》，载《文物》2000年第11期。

④ 谢道辛、王涵：《云龙县首次发现青铜器》，载《云南文物》1982年第12期；又见大理白族自治州王陵调查课题组编，《二十世纪大理考古文集》，第316—319页，云南民族出版社，2003年。

⑤ 田怀清、谢道辛：《永平县澜沧江东岸首次发现青铜器》，载《云南文物》1998年第2期；又见大理白族自治州王陵调查课题组编，《二十世纪大理考古文集》，第320—323页，云南民族出版社，2003年。

二、分区比较

1. 滇北区

滇北区第三阶段石构墓葬主要与A类墓和窖藏有密切联系，且集中体现在铜器方面（图二十八、二十九，表十一）。土坑墓出土物种类和数量都比石构墓葬要丰富，石构墓葬中主要器物，都可在土坑墓和窖藏内找到同类器物。由此可见，青铜时代滇北区的石构墓葬与土坑墓和窖藏属同一文化系统，而且，土坑墓明显占主导地位，石构墓葬是以土坑墓和窖藏为代表的青铜文化的组成部分。这从根本上改变了第一、第二阶段石构墓葬在滇北区的主导地位，至于这种变化的原因，目前无法得知。

表十一　滇北区第三阶段石构墓葬与土坑墓、居址和窖藏早晚关系对应表

石构墓葬	A类墓	窖藏
		早期
	早期	
第三阶段早段	中期	中期
第三阶段晚段	晚期	晚期

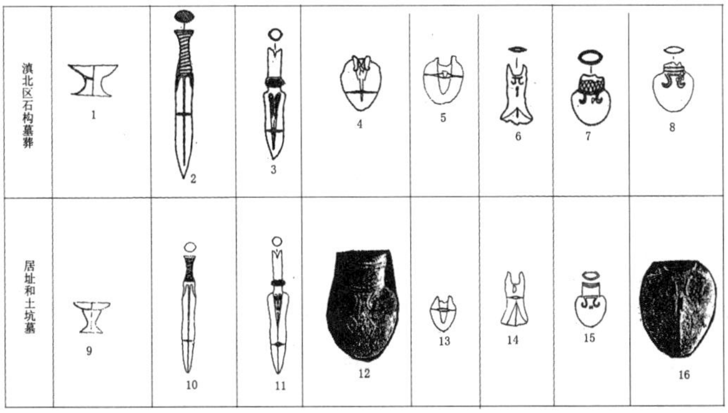

图二十八　滇北区第三阶段石构墓葬与相关青铜文化遗存铜器对比图1（比例不一）

1. 祥检M1：54，2. 苴石M5：4，3. 苴石M8：1，4. 苴石M5：2，5. 祥检M3：5，6. 苴新M1：5，7. 苴石M5：5，8. 祥检M1下一1：2，9. 祥大M1，10. 祥大M1，11. 祥大M1，12. 弥合，13. 祥大M1，14. 祥大M1，15. 祥大M1，16. 弥合（祥检：祥云检村，苴石：弥渡苴力石洞山，苴新：弥渡苴力新民村，祥大：祥云大波那，弥合：弥渡合家山）

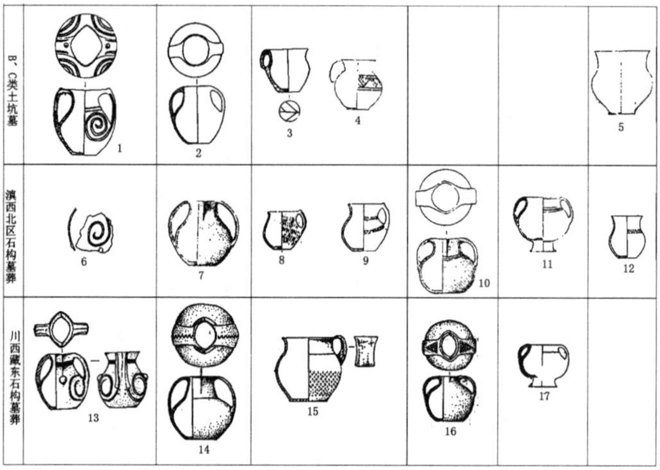

图二十九　滇北区第三阶段石构墓葬与相关铜器文化遗存铜器对比图 2（比例不一）

1. 苴新 M1：7，2. 祥检 M1 下 1：1，3. 苴石 M3：2，4. 苴青 M1：3，5. 苴青 M1：5，6. 苴石 M7：20，7. 宾古 M3：1，8. 祥检 M11：52，9. 祥大 M2：21，10. 宁大 M9：5，11. 祥大 M2：30，12. 剑鳌 M63：3，13. 剑鳌 M101：1，14. 剑鳌 M157：1，15. 楚万 M57：14，16. 祥大 M1（苴青：弥渡苴力青石湾，宾古：宾川古底，宁大：宁蒗大兴镇，苴石鳌：剑川鳌凤山，楚万：楚雄万家坝）

2. 川西南区

川西南区第二阶段石构墓葬陶器与 D 类土坑墓（粪箕湾）晚期有一定联系，在双耳罐、单耳罐同类器物中有相似之处，而且在器物底部往往装饰有叶脉纹（图二十七）。安宁河流域地上式石构墓葬和安宁河西小区无盖石构墓葬中陶器，皆可在 D 类土坑墓中找到，只是前者与之的联系多于后者与之的联系。石构墓葬陶器相对原始，种类也少得多；同时，川西南区第二阶段石构墓葬与 D 类土坑墓这两种墓葬都以陶器为主，铜器较少，表明都处于铜器尚未普及阶段，故二者时代相距不应太远，大致在春秋中晚期，只是土坑墓稍晚，约在春秋晚期至战国初期。原报告主要根据铜器出土情况，把这批土坑墓时代定在战国初期至晚期，这与本书根据其陶器所得出的时代出入较大。最后的结论是，川西南区第二阶段石构墓葬影响了比之晚近的 D 类土坑墓，是一种占主导地位的文化。另外，报告还提到，粪箕湾土坑墓周缘发现有石构墓葬，而部分土坑墓内有用一至数块石板或石块围砌墓室的现象，并认为石构墓葬与土坑墓是相互承袭和影响的关系。因目前石构墓葬材料未公布，具体关系不清。属于第三阶段早段的西昌河西 M2 中的双柄鱼纹铜刀（M2：10），与 B 类墓的盐源老龙头采集的铜刀几乎一致。同时，盐源的土坑大石盖墓用大石盖墓顶的习俗应当来自安宁河流域的地上式石构墓葬的大石盖顶的传统。盐源与安宁河流域相距不远，以上的文化交流正反映其间比较深的文化交流。

3. 滇西北区

滇西北区第三阶段石构墓葬与 A、B、C 类墓都有关系（表十二）。

表十二　滇西北区石构墓葬与 A、B、C 类土坑墓早晚关系对应表

石构墓葬	A 类墓	B 类墓	C 类墓
	早期		
第三阶段早、晚段	中期	早期	
第四阶段	晚期	晚期	与之相当

陶器与 B、C 两类墓都有很多相似（图三十），只是与 C 类墓更接近，根据前文对滇西北区北部小区的分期结论，处于石构墓葬分布区的 C 类土坑墓要晚于第三阶段的石构墓葬，其陶器明显是由石构墓葬同类器物发展而来。

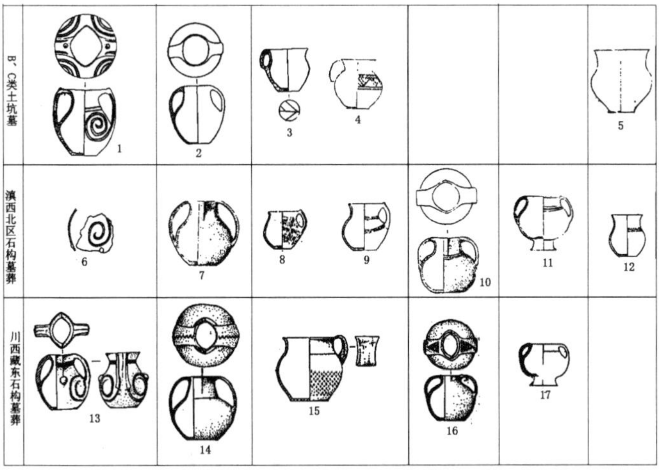

图三十　滇西北区第三、四阶段石构墓葬与相关文化遗存出土陶器对比图（比例不一）

1. 德石 014，2. 德石 M1：1，3. 剑鳌 M152：2，4. 宁大 M5：12，5. 德石 M1：2，6.

德永采集品，7. 德纳 M17：2，8. 德永 017，9. 德永 014，10. 德纳 M10：1，11. 德纳 M14：1，12. 德永 019，13. 甘吉 M3：10，14. 雅江采集，15. 甘吉 M5：4，16. BZM6：2，17. 贡香 M2：3（德石：德钦石底，德永：德钦永芝，德纳：德钦纳底，甘吉：甘孜吉里龙，贡香：贡觉香坝。BZ：巴塘扎金鼎）

铜器则主要与 B 类墓晚期接近，但也有来自 A 类墓的山字纹剑、圆形饰牌（图三十一）（这与 C 类土坑墓的铜器主要与 A 类相近有所不同）。同时，B 类土坑墓晚期有用巨石盖顶和木椁内另作石棺的现象，这与当地存在同时期石构墓葬密切相关。由于 B 类土坑墓处于滇北区和滇西北区交错地带，随葬品中来自两个区域的因素都有明显反映。最后的结论是，滇西北区北部小区石构墓葬以其陶器的连续发展，影响了 B、C 两类土坑墓，而铜器的不连续发展，则明显是受 A、B 两类土坑墓的影响（直接受 B 类，间接受 A 类）。这是自春秋中晚期以来，以石构墓葬为代表的文化和以土坑墓为代表的文化，南来北往互通有无的生动历史的反映。

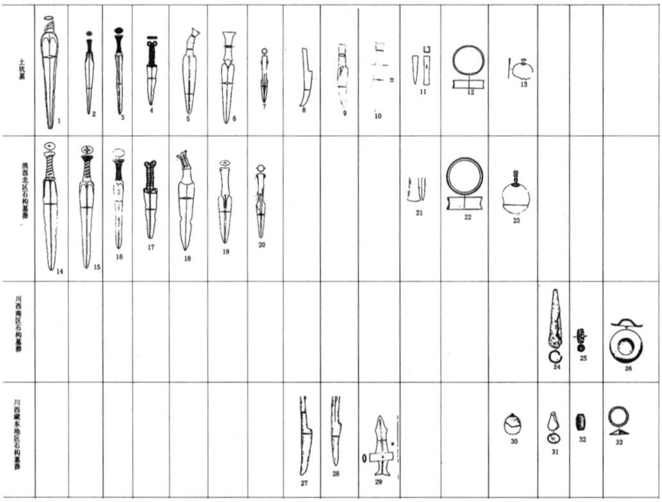

图三十一　金沙江中游石构墓葬与土坑墓出土铜器对比图（比例不一）

1. 永胜龙潭，2. 德石 013，3. 剑鳌 M87：1，4. 剑鳌 M76：1，5. 盐源毛家坝，6. 永胜龙潭，7. 剑鳌 M196：1，8. 永胜龙潭，9. 剑鳌 M210：6，10. 祥检 M1 下 -1：1，11. 德石 011，12. 盐源毛家坝，13. 盐源毛家坝，14. 德永 M2：7，15. 德永 08，16. 德永 09，17. 德纳采 2，18. 德纳 M22：3，19. 德永 02，20. 德永 03，21. 德永 04，22. 德纳 M16：4，23. 德永 06，24. 西小 M1：15，25. 西西 M1，26. 拉四 M6：26，27. 甘吉 M6：17，

28. 甘吉 M5：18，29. 炉卡 M215：2，30. 雅江采集品，31. 炉卡 M239：2，32. 炉卡 M149：1，33. 炉卡 M217：6（炉卡：炉霍卡沙湖，德石：德钦石底，剑鳌：剑川鳌凤山，祥检：祥云检村，德永：德钦永芝，德纳：德钦纳古。西小：西昌小花山，西西：西昌西郊，拉四：喜德拉克四合，甘吉：甘孜吉里龙。）

值得注意的是，盐源老龙头主要是土坑石盖墓，但在九号墓木椁内的北部有用略经加工的石板竖立修筑而成的石棺一具，有底有盖。长 4.88 米、宽 0.95 米，结构规整，发现时已向四周崩塌，经观察分析，可能是因为墓口盖顶石太重压迫所致。石棺内发现人肋骨一根，肋骨旁有一组铜镞，铜饰件，石棺外侧发现人残肢骨、零星铜带饰和完整的猪骨架。同时在墓底南部和中部铺满灰烬，并散乱地分布着人下颚骨、人牙、零星兽骨、小型铜饰件和碎陶片。墓底西南角发现长 1.4 米、宽 1.35 米、厚 0.1 米的灰烬堆积，四周用石块略微围成圆形。灰烬中出土了人头骨碎片、人牙、陶罐、铜铃、铜镞、铜蝶形饰件、鸡骨、鹿骨和一些动物碎骨，皆有火烧过的痕迹。墓室西端有一平铺石板，其上发现一件铜柄铁剑和零星小铜饰件。另外在石棺的东端发现三件石球。在墓室的东南角和东北角都发现了马肢骨。这些发现对于研究土坑墓和石构墓葬的关系很有意义。在九号墓这一个体墓葬中，仍是采用主流的墓葬形制土坑石盖墓，随葬品也与其他几座墓的总体内涵一致，但又专门在墓室内建一小石棺，而且出现了在填土中铺石块的做法，类似于川西地区宝兴一带石构墓葬中独特的填土中积石，随葬品中也有滇西北石构墓葬中常见的铜柄铁剑。结合随葬品的零散摆放和人骨架的散乱的情况分析，可能与死者的特殊身份及其祭祀方式有关，或者死者来自于流行以石构墓埋葬的人群中。

第三节　与周边相关考古遗存比较

1. 与滇文化比较

滇文化是战国中晚期至西汉后期，分布在今滇池及其周围地区一种独特的青铜文化。[①] 目前，发现的墓地和遗址达 30 余处，竖穴土坑墓是其最主要

① a. 汪宁生：《云南考古》，第 41—79 页，云南人民出版社，1992 年。
b. 张增祺：《滇文化》，文物出版社，2001 年。

的文化遗存，重要的地点有晋宁石寨山[①]、安宁太极山[②]、江川李家山[③]、昆明羊甫头[④]、呈贡天子庙[⑤]和石碑村[⑥]等。出土物以青铜器为主，已有20余种上万件，另有少量铁器、金银器、陶器、漆器及玛瑙、玉石器等。青铜器最具特色，有斧、锄、剑、戈、矛、钺、铜鼓、釜、壶、杯、贮贝器、卷经杆、各种人兽模型和干栏式房屋模型等。

滇北区石构墓葬中的铜柄铁剑、卷经杆、锄与滇文化有相似之处，二者的文化相似性是以A类土坑墓为代表的整个滇西青铜文化与滇池青铜文化互动的部分产物。汪宁生先生指出：滇西区的万家坝和大波那代表的是云南青铜文化较早阶段，而滇池区域的石寨山和李家山代表的是云南青铜文化的鼎盛阶段。[⑦] 川西南区的铜耳环、扁薄型手镯、铃、部分珠玉饰件与滇文化有一定相似性，而这种相似性同样在川西南区与滇北区之间存在，表明川西南区石构墓葬在独立发展的同时，也多多少少同外界有一些联系。

2. 与川西藏东地区石构墓葬比较

川西藏东地区是石构墓葬分布又一集中区域。目前在昌都[⑧]、巴塘[⑨]、雅

① a. 云南省博物馆：《云南晋宁石寨山古遗址和墓葬》，载《考古学报》1956年第1期。

b. 云南省博物馆：《云南晋宁古墓葬发掘报告》，文物出版社，1959年。

c. 云南省博物馆：《云南晋宁石寨山第三次发掘》，载《考古》1959年第9期。

d. 云南省博物馆：《云南晋宁石寨山第四次发掘》，载《考古》1963年第9期。

e. 云南省文物考古研究所等：《云南晋宁石寨山第五次抢救清理简报》，载《文物》1998年第6期。

② 云南省文物工作队：《云南安宁太极山古墓葬清理报告》，载《考古》1965年第9期。

③ a. 云南省博物馆：《云南江川李家山古墓葬发掘报告》，载《考古学报》1975年第2期。

b. 云南省文物考古研究所等：《云南江川李家山古墓葬第二次发掘》，载《考古》2001年第1期。

④ 云南省文物考古研究所等：《云南昆明羊甫头墓地发掘简报》，载《文物》2001年第4期。

⑤ a. 云南省博物馆文物工作队：《云南呈贡天子庙古墓葬的清理》，《考古学集刊》第3集，中国社会科学出版社，1983年。

b. 昆明市文管会：《呈贡天子庙滇墓》，载《考古学报》1985年第4期。

⑥ a. 云南省文物工作队：《云南呈贡龙街石碑村古墓群清理简报》，《文物资料丛刊》第3集，文物出版社，1980年。

b. 昆明市文管会：《昆明呈贡石碑村古墓群第二次清理简报》，载《考古》1984年第3期。

⑦ 汪宁生：《云南考古》，第67页，云南人民出版社，1992年。

⑧ 李永宪：《昌都县热底垄墓地》，载《中国考古学年鉴》，第342页，文物出版社，2004年。

⑨ 甘孜考古队：《四川巴塘、雅江的石板墓》，载《考古》1981年第3期。

江[①]、炉霍[②]、甘孜[③]、新龙[④]、贡觉[⑤]、九龙[⑥]、稻城[⑦]等地有发掘，另外在义敦、石渠、芒康[⑧]等地曾有调查发现，其墓群分布密集，是战国秦汉时期该地区的主要遗存。根据分布走向、随葬品和墓制特征的不同，可大致分为双江并流河谷区（澜沧江和金沙江）和雅砻江中上游河谷区（图三）。

双江并流河谷区以西藏贡觉香贝墓地和巴塘扎金顶墓地为代表，陶器以簋、矮束颈双耳罐、直口球形腹双耳罐为特色，铜器仅有少量刀、短剑和镯（图三十二）。

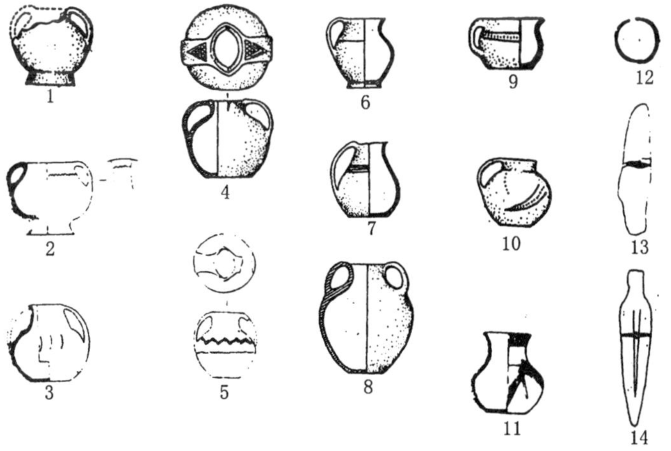

图三十二　川西藏东双江并流河谷区石构墓葬出土器物（比例不一）

1. BZM4：1，2. 贡香 M2：3，3. 贡香 M2：2，4. BZM6：2，5. 贡香 M1：1，6. BZ 采集 2，7. BZ 采集 4，8. BZM6：1，9. BZM6：3，10. BZ 采集 1，11. 贡香 M1：2，12. BZM4：2，

---

① 甘孜藏族自治州文化馆等：《四川雅江呷拉石棺葬清理简报》，载《考古与文物》1983 年第 4 期。

② 四川省文物考古研究所：《四川炉霍卡沙湖石棺墓》，载《考古学报》1991 年第 2 期。

③ 四川省文物管理委员会等：《四川甘孜吉里龙古墓葬》，载《考古》1986 年第 1 期。

④ 格勒：《新龙谷日的石棺葬及其族属问题》，载《四川文物》1987 年第 3 期。

⑤ a. 西藏文物管理委员会普查队：《西藏贡觉县香坝石棺墓》，载《考古与文物》1989 年第 6 期。

b. 西藏文管会普查队：《西藏贡觉县发现的石棺墓》，载《文博》1992 年第 6 期。

⑥ 陈剑等：《四川九龙县查尔村发现石棺葬墓地》，载《四川文物》2007 年第 6 期。

⑦ 四川省文物考古研究院等：《2006 年稻城县瓦龙村石棺墓群试掘报告》，《四川文物》2007 年第 4 期。

⑧ 西藏文物管理委员会普查队：《西藏贡觉县香坝石棺墓》，载《考古与文物》1989 年第 6 期。

13. 贡香 M4：3，14. BZM9：1（12－14 为铜器，余为陶器。BZ：巴塘扎金鼎，贡香：贡觉香坝。）

葬制除流行地下式垒石成壁墓和屈肢葬外，也有少数土坑石盖墓和直肢葬式，文化内涵相同，个别土坑墓有木质葬具（图三十三，1—3）。雅砻江中上游河谷区陶器器类较丰富，以直口球形腹双耳罐和螺旋纹双耳罐最具特色，单耳罐形态多样。铜器有曲刃戈、曲柄戈、矛、刀、镜、镯、泡饰和各种饰件。可分早晚两期，早期以炉霍卡莎湖墓地 275 座墓为代表。无陶器发现，铜器较丰富，骨、玉石器多见（图三十四）。晚期以甘孜吉里龙、雅江呷拉、新龙谷日共 23 座墓为代表。前述各类陶器均发现在这一阶段，金属器的最大变化是出现了铁器，骨、玉石器依然存在，另有鎏金饰和海贝等（图三十五）。葬制早晚变化不大，流行地下式竖石成壁墓和直肢葬式，也有少量土坑石盖墓与之并存（图三十三，4—6）。以上两个小区都出土直口球形腹双耳罐和簋，形态上双江并流河谷区显得原始，应是较早的反映，但二者又进入铜器阶段，故时代相距不应太远。雅砻江上游河谷区晚期已有少量铁器发现，据陈祖军的分析，其晚期上限不早于战国晚期，下限可至西汉晚期。[①] 因此，川西藏东石构墓葬时代大致为战国中期至两汉，相当于金沙江中游石构墓葬的第三阶段晚段至第四阶段。

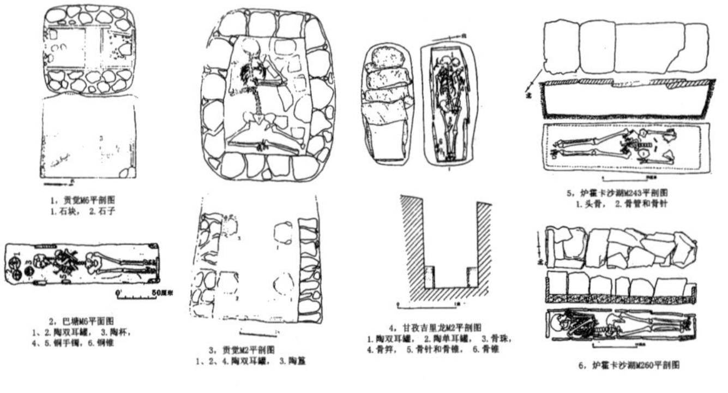

图三十三　川西藏东石构墓葬平剖图（比例不一）

① 陈祖军：《西南地区的石棺墓分期研究——关于“石棺葬文化”的新认识》，载《四川考古论文集》，第 192 页，文物出版社，1996 年。

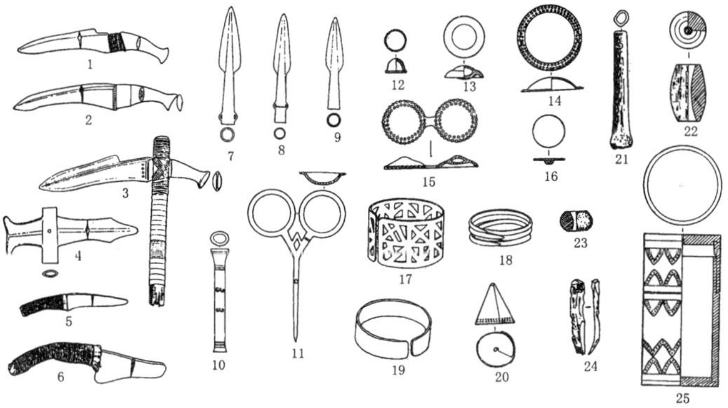

图三十四　川西藏东雅砻江上游河谷区早期石构墓葬出土器物（炉霍卡沙湖，比例不一）

1. M28：1，2. 采集，3. M219：2，4. M31：1，5. M236：2，6. M158：1，7. 采集，8. M241：1，9. M236：1，10. M34：1，11. M194：2，12. M61：1，13. M217：4，14. M140：1，15. M217：2，16. M225：9，17. M86：1，18. M55：2－4，19. M227：12，20. M272：1，21. M268：1，22. M104：1，23. M48：6，24. M274：1，25. M34：3（21、22 为骨器，23 为玛瑙珠，24. 为细石器，25 为桦树皮制作之筒形器，余为铜器。）

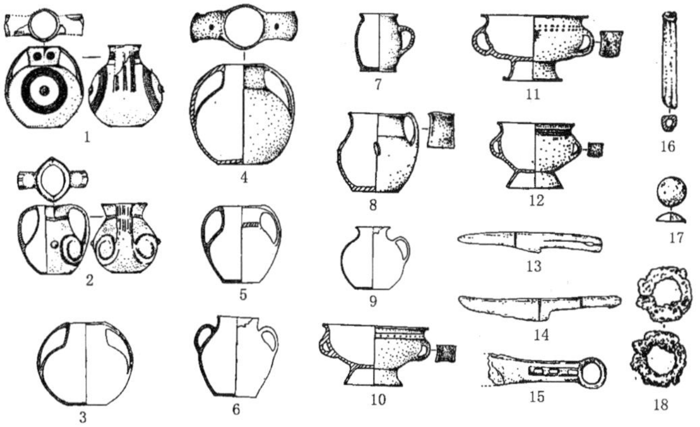

图三十五　川西藏东雅砻江上游河谷区晚期石构墓葬出土器物（比例不一）

1. 甘吉 M3：9，2. 甘吉 M7：12，3. 雅呷 M8：2，4. 甘吉 M2：8，5. 雅呷 M5：1，6. 雅呷 M7：1，7. YG 采集，8. 甘吉 M1：1，9. 雅呷（无编号），10. 甘吉 M7：15，11. 甘吉 M6：14，12. 甘吉 M4：16，13. 甘吉 M5：18，14. 甘吉 M6：17，15. 甘吉 M2：25，

17. 甘吉采集1，18. 雅呷 M1：1（1－12为陶器，13、14、17为铜器，16为骨器，15、18为铁器。甘吉：甘孜吉里龙，雅呷和YG：雅江呷拉。）

以下从葬制和随葬品两方面作比较。

葬制方面：

双江河谷区的香贝墓地共发现5座墓，出土物以双耳罐为主，另有两件铜刀。其中M2为垒石成壁的圆角形墓，葬式为仰身屈肢，与滇西北区北部小区第二阶段中甸尼西葬制相似。另4座稍异，垒石成外壁，内壁竖石板，仍为圆角长方形（图三十三，1、3），中甸尼西则无此种结构。M2出土簋，与属第三阶段早段的德钦纳古同类器极为相似（图三十，17）。再结合出土物以双耳罐为主，铜器仅2件刀的情况看，香贝墓地时代大致介于中甸尼西墓地与德钦纳古墓地之间。雅砻江中上游河谷区流行竖石成壁墓，也有少量垒石成壁墓，葬式以单人直肢葬为主，与滇西北区石构墓葬制差别很大。在位于雅砻江中游而与滇西北临近的稻城县瓦龙村发现的属于战国至西汉早期石构墓葬，在形制上既有雅砻江上游河谷区流行的竖石成壁墓，但墓室多呈圆角形，葬式则为单人侧身屈肢葬，又具有双江并流河谷区，尤其是中甸尼西墓葬的特点。九龙县查尔村则是垒石成壁和竖石成壁两种建墓方式在同一个体墓葬中同时使用，即在单个墓葬结构中兼有垒石成侧壁和竖石成头足壁，似乎表明其同时受到了南来和北下的墓制影响，更反映了南北丧葬习俗的交融。甘孜吉里龙、巴塘扎金顶、稻城瓦龙村的土坑木石盖墓与石构墓葬文化一致，雅砻江有双棺，贡觉有头箱，类似情况在滇西北区纳古和永芝也存在。头箱的情况在岷江上游撮箕山石构墓葬中较多见。由此可见，在葬制方面，滇西北区北部小区第二、第三阶段石构墓葬，对川西藏东石构墓葬产生过持续影响，其文化有向北向东发展的趋势，同时也受到来自北部区域文化的一定影响。

随葬品方面：

陶器方面：双耳罐和单耳罐都是两个区域石构墓葬中常见的器物，它们在形态、纹饰上有较多的一致性，但差异也很明显。

直口球形腹双耳罐以德钦纳古的最早（图三十，7），中经贡觉香贝的形态（图三十二，3），发展至雅砻江上游河谷区的典型形态（图三十五，3、4），这种双耳罐是这两个区域演变较清晰，最具特征的器物。簋的形态在纳古和香贝比较一致，说明二者时代接近，而雅砻江上游河谷区的簋则与之差别明显。陈祖军和亚当都认为这种簋是受了岷江上游石构墓葬中同类器影响，[①] 但这里发现的簋与之差异仍很明显，因此，对雅砻江上游河谷区簋的来源，现在无法作出判断。螺旋纹双耳罐在整个川滇高原分布很广。金沙江中游目前发现最早的是第三阶段早段的德钦纳古，时代在战国早中期，此后在其南部东部的石构墓葬、C 类土坑墓和部分 B 类土坑墓中流行，并出现了圈足。[②] 川西藏东地区目前仅在雅砻江上游河谷区第二期有不少发现，腹部流行镶嵌铜泡的装饰风格（图三十五，2）。岷江上游也发现不少，按亚当的研究，这类器物可早至其分期中的第Ⅱ期，约在前 450—300 年的战国早中期。现在看来，螺旋纹双耳罐在金沙江中游的滇西北区和岷江上游石构墓葬中都可早至战国早中期，而二者之间的雅砻江上游河谷区要晚得多。陈祖军和亚当都倾向于这种广泛分布的双耳罐，以岷江上游最早，然后向西南方向传播，而上述分析并不支持这一观点。当然，金沙江中游滇西北区战国早中期的相关材料还不够充分，其演变形态和时代有待进一步探讨。

铜玉石器方面：川西藏东地区出土的少量曲柄剑（戈）、曲刃戈、双耳矛、弧背刀、饰牌等，与金沙江中游滇西北区第三阶段石构墓葬和 B、C 类土坑墓的同类器相似（图三十一，27—30，图三十四，1—9）。另外，铜锥形器、泡饰和玛瑙珠还与安宁河流域地上式石构墓葬第三阶段的同类器有某种联系（图三十一，31—33）。

总体上看，滇西北区石构墓葬与川西藏东石构墓葬大致从春秋晚期直至两汉，有着漫长的文化联系，二者是在陶器上有着相同文化传统，在葬制上有着一定联系的不同类型或分支。滇西北和川西藏东石构墓葬同受与之毗邻的 A、B 类土坑墓青铜文化的影响，只是后者所受影响稍小。当然，仅据此还无法得出这就是所谓氐羌民族沿横断山区河谷南迁的产物。关于此，本书在前面分析的基础上提出以下四点：一是中甸尼西发现了比川西藏东地区更早更原始的墓葬形态和陶器，两个区域在葬制、铜器和部分陶器方面区别很大。二是整个金沙江中游战国秦汉时期，土坑墓和石构墓葬中，直口球形腹双耳

---

① a. 陈祖军：《西南地区的石棺墓分期研究——关于“石棺葬文化”的新认识》，载《四川考古论文集》，第 192 页，文物出版社，1996 年。

b. 亚当·史密思：《川西、滇西北、藏东地区石棺葬文化研究》，北京大学考古文博学院 2001 年硕士学位论文打印稿。

② 刘弘：《“西南夷”陶器及相关问题的研究》，载《四川考古论文集》，第 157 页，图四，1，文物出版社，1996 年。

罐和螺旋纹双耳罐这两种川西藏东地区和滇西北区典型器物，从北至南由西向东呈减弱趋势。滇北区和川西南区几不存在，只有C类土坑墓和部分与上两区域毗邻的B类土坑墓中流行。三是以A、B类土坑墓为代表的金沙江中游青铜文化呈从南至北、由东向西的扩展之势。山字纹剑、鸟形杖首、杯等A类墓中的青铜文化因素已达德钦一带，在川西藏东却不见。B类墓中的曲柄剑、曲刃戈、双耳矛等因素除在滇西北区存在外，还影响至雅砻江上游河谷区。四是新石器时代晚期，滇北区和滇西北区南部小区已出现带耳罐，这种器物后来在石构墓葬和土坑墓中的演化形态，与前述两个区域的双耳罐、单耳罐迥然有别。以上四点与氐羌民族南迁之说矛盾。

3. 与青衣江、大渡河流域青铜文化比较

这里青衣江、大渡河流域大致指的是今四川雅安地区，该地区有大量战国秦汉时期的文化遗存，包括遗址、土坑墓、石构墓葬，既有土著传统因素，又有大量汉文化因素，反映了土著民族吸收汉文化，并不断与之融合的历史事实。这里仅就与金沙江中游石构墓葬有联系的几个地点作简单比较。荥经县烈太战国土坑墓中出土的牌饰、扣饰、盖弓冒[①]与川西南区地上式石构墓葬第三阶段晚期的铜器相近。宝兴五龙瓦西沟墓地发掘8座竖石成壁墓，其中属于西汉的6座，出土的1件AⅡ式铜剑与滇西北区属第三阶段早段的纳古石构墓葬中曲柄剑极为相似，2件BⅠ式铜短剑风格则与滇北、滇西北山字纹铜剑基本一致（图三十六，5、6），但曲刃曲内戈（原报告称为AⅠ式铜剑）则与炉霍卡沙湖石构墓葬出土同类器物一致。[②] 宝兴陇东老场墓地发掘107座，属于西汉晚期至东汉早期，土坑墓、土坑石盖墓与石构墓葬同处一墓地，文化内涵一致，为同一民族采用不同葬式。[③] 该地石构墓葬形制很特别，比较典型的是11座垒石成壁墓，无石底，同时，还有象征地垒石成部分墓壁的和土坑石盖墓。由于受汉文化影响，出现了多达32座的砖石混砌筑墓，甚至还用砖石铺底，但墓壁、顶部砌筑技术与垒石成壁技术无别。无论是哪一种墓葬，往往在墓盖板上积石至墓表。这些墓制的特点表明土著文化的坚韧和对汉文化的积极吸收，而这在金沙江中游几乎不见。该地出土陶器中的平底双耳罐，

---

① 李晓欧、刘继和：《四川荥经县烈太战国土坑墓清理简报》，载《考古》1984年第7期。

② 宝兴县文化馆：《四川宝兴县汉代石棺墓》，载《考古》1982年第4期。

③ a. 宝兴县文化馆杨文成：《四川宝兴县的石棺墓》，载《考古与文物》1983年第6期。
b. 四川省文管会、宝兴县文化馆：《四川宝兴陇东东汉墓群》，载《文物》1987年第10期。

与滇西北区第四阶段石构墓葬和B类土坑墓晚期的双耳罐比较接近，腹部都有螺旋纹，但形态明显简化，同时又出现了有足双耳罐，这种有足双耳罐则在川西高原的丹巴罕额依较常见。[①] 这表明两地虽有双耳罐，但来源和发展路径不一（图三十六）。宝兴陇东汉塔山墓地墓葬形制与老场墓地接近，有土坑积石墓，也有垒石成不规则壁墓，出土的12件山字纹铜剑与滇北、滇西北同类器物非常接近。[②] 鉴于铜曲柄剑和山字纹剑主要流行在滇西北区和滇北战国时期的土坑墓和石构墓葬中，属于金沙江中游有区域性特征的器物，推测它们应是自金沙江中游几经辗转流传至当地。[③] 以上器物方面的联系表明，从战国至两汉，青衣江、大渡河流域与金沙江中游民族间存在长期而又比较微弱的文化交流，文化联系并不密切。

---

① a. 故宫博物院、四川省文物考古研究院：《2005年康巴地区考古调查简报》，载《四川文物》2005年第6期。

b. 罗二虎：《文化与生态、社会、族群：川滇青藏民族走廊石棺葬研究》，第181—182页，科学出版社，2012年。

② 四川省文管会、雅安地区文管所、宝兴县文管所：《四川宝兴汉塔山战国土坑积石墓发掘报告》，载《考古学报》1999年第3期。

③ 参见a. 张增祺：《云南铜柄铁剑及其有关问题的初步探讨》，载《考古》1982年第1期。

b. 张增祺：《略论滇西地区的青铜剑》，载《考古》1983年第7期。山字纹铜剑，又叫三叉格铜剑，关于这种剑及其与之相似的铜柄铁刃剑的渊源、流传，学术界颇有不同。20世纪80年代，张增祺先生根据考古发现，认为是云南本地起源，从青铜剑向铜柄铁刃剑发展演变顺序清晰，明确反对外来说，尤其是40年代以来形成的从西北直接传播的说法。90年代后期，有人根据新发现，重新讨论这种剑的渊源问题，进一步肯定了西北直接传播的观点。（参见宋治民：《三叉格铜柄铁剑及其相关问题的探讨》，载《考古》1997年第12期；苏奎、尹俊霞：《试析西南夷地区的三叉格铜柄铁剑》，载《四川文物》2005年第2期。）细读诸文，持西北直接传播说者似乎有一种先入为主之感，但本地起源说的资料有待完善。实际上，这个问题涉及我国西南与西北地区的古代文化的关系，很难说谁就是定论。我们不反对存在外来文化的影响，文化之间的影响是相互的，并不存在单向的传播和迁徙。如山字纹铜剑起源于西北地区，关键在于它如何传入，传入后分布和发展有了怎样的变化。我们从考古发现的数量、分布特点、形制特点、演变序列来看，本地起源的说法更可信一些。同样，曲柄剑也有人认为来自北方草原文化，我们不排除这种可能，但是，滇西北及其临近区域的曲柄剑形制已形成自己的风格，且不止一种形态，数量较多，分布地点广泛，这为其他区域所无，故我们认为这种剑也应该属于本地产物，并传入青衣江流域。

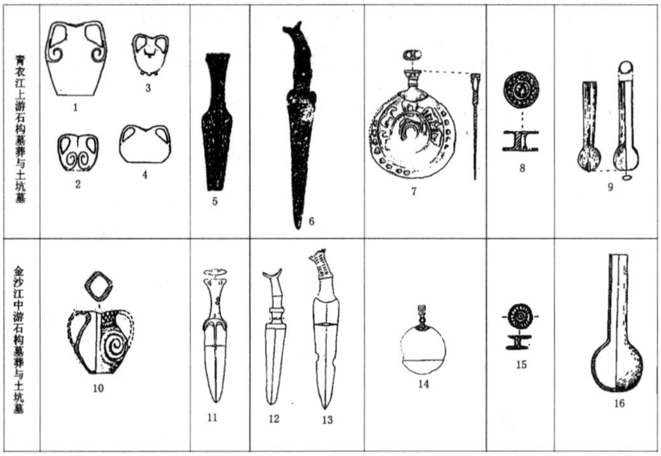

图三十六　金沙江中游墓葬与青衣江上游相关遗存出土器物对比图（比例不一）

1. 陇东M7：1，2. 陇东M89：1，3. 陇东M8：3，4. 陇东M29：2，5. 瓦西沟M4：1，6. 瓦西沟M2：1，7. 烈太，M1：1，8. 烈太M1：40，9. 烈太M1：38、39，10. 毛家坝，11. 永芝07，12. 金官，13. 纳古M22：3，14. 永芝06，15. 小花山M1：6，16. 四合M6：20（1－4、10为陶器，余为铜器。陇东：宝兴陇东，瓦西沟：宝兴瓦西沟，烈太：荥经烈太，毛家坝：盐源毛家坝，永芝：德钦永芝，金官：永胜金官龙潭，纳古：德钦纳古，小花山：西昌小花山，四合：吉德拉克四合。）

第四节　石构墓葬与土坑墓、土坑石盖墓并存现象分析

在金沙江中游普遍存在石构墓葬和土坑墓并存现象，二者之间关系究竟如何，是认识石构墓葬性质和地位的重要线索，很值得注意。为了便于理解和分析，按地点初步统计如下。（统计时把范围适当扩大到周边的川西藏东地区和青衣江、大渡河流域。由于原报告多未作明确的区分统计，故统计出来的数据显得较笼统。）

1. 德钦永芝石底墓地[①]

永芝石底位于澜沧江西边一支流上，为太子雪山峡谷的坡地，海拔3000

① 云南省博物馆文物工作队：《云南德钦永芝发现的古墓群》，载《考古》1975年第4期。

米左右。墓葬分布较分散，多选择在天然石缝中，顺石缝形状砌成墓坑，故多不规整。该地除石构墓葬外，还有少量长方形竖穴土坑墓。

共清理3座墓，两座石构墓葬，一座土坑墓，石构墓葬已不完整，无随葬品，骨架朽成碎片。土坑墓基本完整，随葬品有一把山字纹剑和3件陶器以及穿孔银饰。石构墓葬内虽未正式出土器物，但在墓区内采集到一些有明确出土地点的器物，可以肯定这些采集品至少有一部分出自石构墓葬；又由于这批采集品的形制特征与土坑墓正式出土同类器物接近，因此可以进一步肯定这里的土坑墓和石构墓葬为同一群人的同一时段的遗存。时代相当于春秋中期。

2. 元谋大墩子遗址①

元谋大墩子遗址是金沙江中游新石器时代晚期的典型遗址，面积大，堆积厚。1999年在遗址内发现了1座石构墓葬，5座土坑石盖墓。该次发掘表明其文化堆积可分三期，早期包括半地穴式房屋及其近旁的土坑墓，中期包括浅沟槽房屋及其近旁的石构墓葬和土坑石盖墓，晚期包括地面房屋及其近旁的瓮棺葬。由此可知，石构墓葬打破土坑墓，石构墓葬与石土坑盖墓同属于该遗址中期。1座石构墓葬为婴儿墓，有盖有底，但无随葬品。5座石盖墓有婴儿和成人墓两种，仅2座各发现1件无耳罐。大墩子遗址内的土坑墓早于石构墓葬和土坑石盖墓，但都属于一个文化类型，只是墓葬上早晚形态有所变化。时代属于当地新石器时代晚期，相当于商周时期。当然，就目前发现的大墩子文化类型的各个墓地看，墓葬主体是石构墓葬，土坑墓比例不大。

3. 巧家小东门墓地②

共清理18座墓，石构墓葬10座，土坑墓8座，两种墓葬文化内涵接近。石构墓墓葬大多由规整的砂质片岩数块镶嵌，少数用原石堆砌而成，也有的用石灰盖化板嵌成四壁和顶面，墓底没有铺砌石块。墓室长1.5—2.5，宽0.5—0.8米，流行单人直肢葬。各墓都有随葬品，但较少，一般1—3件。小东门土坑墓，出土器物与石构墓葬基本一致，有的土坑墓边堆放3—5块原石，似与石构墓葬有某些渊源。时代相当于西周中期至春秋早期。

---

① a. 姜础：《元谋大墩子新石器时代遗址石棺墓清理简报》，载《云南文物》1994年总第38期。

b. 王国付：《元谋大墩子新石器遗址重要新成果》，载《楚州古今》1999年第3期。

② 昭通市文物管理所、巧家县文物管理所：《云南省巧家县小东门墓地清理简报》，载《四川文物》2009年第6期。

4. 会理粪箕湾墓地①

粪箕湾土坑墓周缘发现有石构墓葬，而部分土坑墓内有用一至数块石板或石块围砌墓室的现象，报告认为石构墓葬与土坑墓是相互承袭和影响的关系。因目前石构墓葬材料未公布，具体关系不清。时代约在战国时期。

5. 盐源老龙头墓地②

盐源老龙头墓地发掘了 3 次，共清理 11 座，其中有 4 座大中型土坑石盖墓，土坑内有木质葬具。但在属大型土坑石盖墓九号墓木椁内的北部，有用略经加工的石板竖立修筑而成的石棺一具，有底有盖，石棺长 4. 88 米、宽 0. 95 米，石棺内外都发现零星的人骨。这些发现对于研究土坑墓和石构墓葬的关系很有意义。在九号墓这一个体墓葬中，采用的是主流的墓葬形制——土坑石盖墓，随葬品也与其他几座墓的总体内涵一致，但又专门在墓室内建一小石棺，而且出现了在填土中铺石块的做法，类似于川西地区宝兴一带石构墓葬中独特的填土中积石，随葬品中也有滇西北石构墓葬中常见的铜柄铁剑。结合随葬品的零散摆放和人骨架的散乱的情况分析，可能与死者的特殊身份及其祭祀方式有关，或者死者来自于流行以石构墓埋葬的人群中。时代为西汉时期。

6. 炉霍卡莎湖墓地③

炉霍卡莎湖墓地共发掘 275 座墓葬。墓室结构包括石构墓葬在内，有 4 种形态。第一种：墓室的底、盖、四壁均用石板围砌，仅 8 座，占总数的 2. 9% 。即使有墓底石，全铺者很少，一般仅铺墓底头部一侧，或中部，或脚部一侧。这种墓葬罗二虎先生称为“完形石棺”。第二种：无底石构墓葬，209 座，占总数的 76% 。除无底外，其他部位结构与前一种相同。这种墓葬罗二虎先生称为“无底石棺”。第三种：墓室前后壁和墓盖用石板，侧壁或为土壁，或以砾石垒砌，或砾石石板混合砌筑，共 46 座，约占总数的 17% 。这种墓葬罗二虎先生称为“简易石棺”。第四种：土坑石盖墓，12 座，约占总数的 4% 。这种墓葬罗二虎先生称为“象征石棺”。根据罗二虎先生的分析，这 275 座墓可分为前后两期。前期 38 座，第二种和第四种墓葬并存。后期又

---

① 会理县文管所等：《四川会理县粪箕湾墓群发掘简报》，载《考古》2004 年第 10 期。

② a. 刘弘、唐亮：《老龙头墓葬与盐源青铜器》，载《中国历史文物》2006 年第 6 期。

b. 凉山彝族自治州博物馆、成都市文物考古研究所：《老龙头墓地与盐源青铜器》，文物出版社，2009 年。

③ 四川省文物考古研究所：《四川炉霍卡沙湖石棺墓》，载《考古学报》1991 年第 2 期。

可以分为前后两段。前段有第二种（58 座）和第三种（26 座）并存，后段有第一种（7 座）、第二种（128 座）、第三种（19 座）和第四种（1 座）并存。前期时代早于春秋，约在西周，后期前段约在春秋早期中，后段约在春秋晚期至战国早期。[①] 卡莎湖墓地尽管墓葬形态结构有别，但同属于一个群体，不具有本质上的差异。

7. 宝兴陇东汉塔山战国墓地[②]

墓地已发掘 65 座墓，存在两种墓葬结构。一种是在墓坑四壁用大小不等的石块不规则地垒砌，无石盖。个别墓坑（M34）侧壁有壁龛，用石块垒砌。另一种为土坑积石墓，即在土坑墓墓口以上用块石、片石或卵石堆积，有的只铺几个石块，有的则堆积数层，使积石高数十厘米。两种墓除了构筑结构有所差别外，随葬品和葬式方面，没有明显区别。时代在战国中晚期。

8. 宝兴陇东老场东汉墓地[③]

该墓地与汉塔山墓地相距仅 3 公里，但时代晚得多。1982 年和 1985 年两次共发掘 107 座东汉墓葬，这批墓葬普遍在墓口积石一层或数层。石构墓葬 12 座，6 座有石板作盖，仅 1 座用梯形汉砖铺底。四壁或用卵石，或用石块石片垒砌而成，有 2 座为石板竖立成壁。土坑墓 61 座，其中 8 座有石盖板。砖室墓 18 座，其中 15 座有石板盖，12 座用汉式砖铺墓底和砌筑墓壁。砖石混合结构墓 14 座，用汉砖与石板混合垒筑墓壁，其中，3 座用汉砖铺底，1 座用汉砖和石板铺底，11 座有石板盖。此外，还有个别的土坑木棺墓和瓮棺墓。可见，即使到了东汉，仍保持石构墓葬和墓口积石的传统，但石构墓室的纯洁性已经大大丧失，大量吸收了汉文化的因素，如墓底、四壁往往夹杂汉砖，可以说这是当地石构墓葬在东汉的变化和转型，但与内地汉族的砖室墓迥然有别，在砌筑方法上仍是传统的石构墓葬的砌筑方式，只是采用了汉式砖而已，其实这里的砖与石在当地人的文化视野中并无本质的不同。

---

① 罗二虎：《文化与生态、社会、族群：川滇青藏民族走廊石棺葬研究》，第 140—149 页，科学出版社，2012 年。

② 四川省文物管理委员会、雅安地区文管所、宝兴县文管所：《四川宝兴汉塔山战国土坑积石墓发掘报告》，载《考古学报》1999 年第 3 期。

③ a. 宝兴县文化馆：《四川宝兴县的石棺墓》，载《考古与文物》1983 年第 5 期。

b. 四川省文管会、宝兴县文化馆：《四川宝兴陇东东汉墓群》，载《文物》1987 年第 10 期。

9. 宝兴瓦西沟墓地[①]

与汉塔山墓地相距约10公里。共发掘石构墓葬8座，均竖石成壁，有石盖板，无底。其中，有1座东汉时期的墓（M7），墓壁用梯形砖与石板混合竖立成壁。时代约在西汉至东汉时期。报告结合宝兴县城关、五龙、明礼、陇东发掘的土坑墓和古文献关于青衣羌人的记载，指出石构墓葬稍晚于当地和附近的土坑墓，从土坑墓到石构墓葬，是青衣羌人在葬俗上的一种改革和改进。

10. 甘孜吉里龙墓地[②]

共清理8座。竖石成壁墓3座，无底，有石盖。1座为垒石成侧壁和石板竖立成前后壁，实为垒石竖石混合形式。4座土坑墓，土坑墓室长度1.5米左右，不及正常人高度。时代在战国后期至西汉前期。

11. 巴塘扎金顶墓地[③]

共发掘9座，属于土坑石盖墓。有的土坑内周围放几块石头以支撑石盖板。盖板石厚薄不一，大小不规则，有的不仅墓口宽，且往往在墓坑口上加几根木横梁。有的在墓盖板上再堆几块乱石，然后用土覆盖。

以上地点墓葬之间除了墓葬结构有一定程度的差异外，随葬品和葬式也有不同程度的不同。以下从三个层次对这些差异性试作分析，即从同一墓地石构墓葬内部之间、同一墓地石构墓葬与土坑墓、土坑石盖墓之间和整个金沙江中游各个墓地之间作分析。

首先，同一墓地石构墓葬内部之间在墓底、墓壁和墓盖方面存在具体而微的差异。总体来看多数墓地内部的石构墓葬这些方面的变异幅度不大，但也有变异幅度很大的墓地，如宝兴陇东老场东汉墓地和炉霍卡莎湖墓地。有的有底，有的无底，有底的或以石块铺砌，或以卵石铺砌，或受汉文化影响用砖铺底，或全部铺底，或只铺局部，可见对墓底并未有严格的要求和讲究。四壁或皆竖石成壁，或皆垒石成壁，同一墓室或侧壁竖石成壁，或前后壁垒石成壁，或用石块，或用石板，或用卵石，或几者兼用，甚至砖石并用。墓盖或有或无，有墓盖者有的比较随意，有的则在石墓盖上积石较厚。对于同一墓地石构墓葬内部之间这些细微之别，我们认为不是本质上的不同，只是

① 宝兴县文化馆：《四川宝兴县汉代石棺墓》，载《考古》1982年第4期。

② 四川省文物管理委员会等：《四川甘孜吉里龙古墓葬》，载《考古》1986年第1期。

③ 甘孜考古队：《四川巴塘、雅江的石板墓》，载《考古》1981年第3期。

同类人群在同一时期或不同阶段的丧葬文化习俗因时因地的具体呈现和个性化的选择。

其次，就石构墓葬与土坑墓之间差异而言，各个墓地情况各有不同。或者以石构墓葬为主，土坑墓为辅，如大墩子文化类型的墓地和炉霍卡莎湖墓地；或者以土坑墓为主，石构墓葬为辅，如宝兴陇东老场东汉墓地和盐源老龙头墓地；或者两种墓葬轩轾不分，如甘孜吉里龙墓地和巧家小东门墓地。土坑石盖墓在主体特征上属于土坑墓，但以石为盖，又与石构墓葬有某种关联，特别是石构墓葬流行的金沙江中游地区，它是介于石构墓葬和土坑墓之间的一种墓葬形式。或者是由土坑墓向石构墓葬演变的过渡形式，大墩子遗址的发现正是如此，或者是土坑墓受石构墓葬传统影响，如盐源老龙头墓地土坑大石盖墓，又如宝兴陇东老场东汉墓地与石构墓葬并存的土坑墓石盖墓和积石墓。虽有如此不同，但就同一墓地而言，在随葬品和葬式方面，土坑墓、土坑石盖墓和石构墓葬却没有本质的差别，仍可以说是同一人群的丧葬习俗的因时因地的具体呈现和个性化的选择。

再次，就整个金沙江中游及其周边地区而言，各区域石构墓葬之间差异则很突出，这一点已在第三章作了全面详细分析，此不赘述；土坑墓与石构墓葬是两大基本墓葬形式，不管游牧民族还是农耕民族，都在使用，并不具有族属上的区分，但各个区域又有各自的交融发展的特点。结合随葬品和葬式来看，行石构墓葬者不仅可以采用多种多样的石构墓葬形式，也可以同时采纳土坑墓或土坑石盖墓的形式，如巧家小东门墓地、炉霍卡莎湖墓地、甘孜吉里龙墓地、宝兴陇东汉塔山战国墓地等，这种情况在整个金沙江中游比较普遍，且从早至晚都存在。而坚持土坑墓传统的族群也可以采纳石构墓葬形式，如会理粪箕湾墓地、宝兴陇东老场东汉墓地、盐源老龙头墓地等，特别是老龙头墓地大型土坑石盖墓内套规范的小型石构墓葬。当然，这里不排除石构墓葬传统分布区与土坑墓传统分布区的相对独立性，如滇北区与滇西北区内部土坑墓和石构墓葬各有分布，界限分明。但更多的情况是相互间的影响，特别是在交错地带，如处于滇西北、川西南和滇北区之间的盐源老龙头墓地，明显具有不同区域文化和墓葬形式的影响，土坑墓以大石盖墓的做法当来自川西南安宁河流域地上式石构墓葬，而所套规范的小型石构墓葬，则是明显受到滇北区的竖石成壁墓传统的影响，随葬品来源则更具有多源性，如铜鼓、山字纹铜剑、双圆饼铜剑、漩涡纹双耳陶罐等正是来自不同的地区。即使滇北区与滇西北区分布界限分明的土坑墓和石构墓葬之间，墓葬形式保持相当的独立性，而随葬品内涵则基本一致，只是土坑墓中随葬品更为丰富，占主导性。由此，我们可以看到金沙江中游及其周边区域文化的长期的融合性发展。但各个区域的融合发展模式和道路具体又有所不同，滇北区先是土坑墓和石构墓葬同时发展，相互兼容，土坑墓后来居上，明显影响石构墓葬。川西南安宁河流域地上式石构墓葬则一直很强势，土坑墓几乎无容身之地。滇西北区北部小区则是石构墓葬为主，土坑墓为辅，而南部小区则是土坑墓为主，石构墓葬为辅。同时，绝大多数墓地石构墓葬形态和随葬品早晚演变都不甚清晰，表现出明显的多样化、个性化特征，到了铜器繁荣阶段，更是受到土坑墓文化的强烈影响。这反映出石构墓葬群体的丧葬规范和观念的松散，整个社会还缺乏高度统一的严格的丧葬规范和礼仪，进而可推知整个社会没有发展出高度统一的强制性规约和制度。相反，川西南区安宁河流域的地上式石构墓葬，不管是垒石成壁墓还是竖石成壁墓，在结构上非常严谨规范，随葬品也呈现出早晚演变的延续性，呈现出高度的统一性和演变的规律性，这当是这个群体规范性和强制性的社会制度和丧葬礼仪很突出的产物。

第五节　石构墓葬的源流与族属

一、源　流

通过以上对比分析，我们对金沙江中游石构墓葬的渊源、文化属性及其与周边文化的关系有了较为清晰的认识。

1. 新石器时代晚期，滇北区和滇西北南部小区的地下式石构墓葬起源于大墩子文化类型，经历了土坑墓——土坑石盖墓——地下式石构墓葬的产生过程，但同时吸收了周边土坑墓的带耳器（南华孙家屯），最终变成一种占主导地位的墓葬形式。川西南区安宁河流域的地上式石构墓葬与当地新石器时代晚期文化有一定联系，可能是土著的横栏山文化与外来齐家文化融合发展基础上的产物，但线索仍不清楚。

2. 进入青铜时代，滇北区与滇西北区石构墓葬与土坑墓不断融合，成为以土坑墓为代表的金沙江中游青铜文化的一部分，从而使得这两个区域成为一个大的文化交流圈。川西南区石构墓葬则呈现出相对独立的发展姿态，是一种区域性的主导文化，并影响了其周边的土坑墓。

3. 滇西北区与川西藏东地区石构墓葬从春秋晚期至汉代，有着以陶双耳罐、簋和单耳罐为主的悠久的文化交流，而在墓葬结构、葬式、铜器等方面又有着很大差异。二者是在陶器上有着相同文化传统，在葬制上有着一定联系的不同类型或分支。其关系不能以文化传播或民族迁徙简单概括。

4. 整个金沙江中游，包括川西藏东地区在内，最迟至战国早中期，已呈现出一种多文化传统，各种文化有稳定的分布范围和中心，形成了长期并存，互通有无的文化格局。西北部流行地下式石构墓葬，是以陶直口球形腹双耳罐、螺旋纹双耳罐、簋和各种单耳罐为特征的文化传统势力范围；南部流行A类土坑墓和一种与之并存的石构墓葬，是以山字纹剑、钺、锄、铜鼓、编钟为特征的文化传统势力范围；西北部和南部之间交错地带流行B类土坑墓和一种与之并存的石构墓葬，是以曲柄剑、曲刃戈、双耳矛、双圆饼剑、枝形器为特征的文化传统势力范围；东北部是以地上式大石筑墓、铜发钗、环、骨器为特征的文化传统势力范围。土坑墓与石构墓葬之间的同与不同；土坑墓内部的同与不同；石构墓葬内部的同与不同，既是不同文化传统长期并存的反映，也是其相互影响的必然结果。以螺旋纹双耳罐为代表的西北部传统因素东移南下，以山字纹剑、曲柄剑、曲刃戈、双圆饼剑、双耳矛为代表的A、B类墓青铜文化因素西进北上，互相交融，生动地反映了金沙江中游这几种文化传统的互动关系。

5. 各个区域的丧葬形式，或以石构墓葬为主体，土坑墓为辅助，或以土坑墓、土坑石盖墓为主体，石构墓葬为辅助，地位各有不同，各有侧重和选择。但土坑墓与石构墓葬是金沙江中游并存的两大基本墓葬形式，不管游牧民族还是农耕民族，都在使用，并不具有族属上的区分。这两种墓葬形式并列并存，互相影响，在各个区域内都经历了各自特有的交融发展道路。

二、族　属

《史记·西南夷列传》、《汉书·西南夷两粤朝鲜传》、《汉书·司马相如传》、《后汉书·南蛮西南夷列传》、《华阳国志·蜀志》、《华阳国志·南中志》中关于金沙江中游两汉及其以前历史的零星记载，与本书相关的主要有三个方面。（以下相关材料均出自上述文献，不一一注明）

1. 中央王朝设置的地方行政机构

汉武帝始开西夷（金沙江中游石构墓葬和土坑墓分布区），元鼎六年（前111年）设置越巂郡（川西南区）、永昌郡（滇北区）、沈黎郡（滇西北区南部小区）分治。东汉明帝永平年间（公元58—76年）汶山以西白狼、槃木等百余国举种奉贡，称为臣仆，和帝永元十二年（公元100年）旄牛徼外白狼、楼薄等部归义内属。至蜀汉时（225年）在大理地区设云南郡，大理以北地区设河阳郡。

2. 地方经济文化

《史记·西南夷列传》大致记述了整个西南夷地区民族分布格局和社会经济文化状况。一为椎结耕田有邑聚之民，有夜郎、靡莫、滇、邛都之属，君长以什数；二为编发，随畜迁徙，毋常处，毋君长之民，有嶲、昆明，分布在前一类民族之西；三为土著或移徙之民，有笮、徙等，君长以什数，在嶲之东北。《汉书·西南夷两粤朝鲜传》、《汉书·司马相如传》、《后汉书·南蛮西南夷列传》记载与之大同小异，似无多大变化。滇北区据《华阳国志·南中志·云南郡》"有上下方夷，土地有稻田畜牧，但不蚕桑"。

3. 金沙江中游与川西藏东和青衣江、大渡河流域文化关系

《华阳国志·蜀志·定笮县》载："定笮县。笮，笮夷也。汶山曰夷，南中曰昆明，汉嘉、越嶲曰笮，蜀曰邛，皆夷种也。县在郡西。渡泸水，宾刚徼，曰摩沙夷。有盐池，积薪，以齐水灌，而后焚之，成盐。"定笮县，今四川盐源一带。泸水，今金沙江。摩沙夷，今丽江地区纳西族先祖。《华阳国志·蜀志·严道县》载："雅洲邛崃山，本名邛笮山，故邛人、笮人界。"邛崃山，今大相岭。

以上记载过于粗略，与考古发现的金沙江中游文化分布和特征难以一一对应，但仍可找到一些联系。根据西南地区的考古成果，结合上述文献中各民族的分布范围，可大致确定本书涉及的金沙江中游石构墓葬分布区，就是战国秦汉时期邛都、嶲、昆明、徙、笮、白狼、槃木所在地。①

1. 川西南区石构墓葬与《史记》中的邛都有密切关系。石构墓葬是目前该区域战国至两汉时期最主要的遗存，墓葬中出土稻壳痕迹、发钗、大量饰件，与文献中关于邛都为滇以北最大的民族，过着一种椎结耕田有邑聚的生活大致相符。

2. 滇北区和滇西北区大致是《史记》中嶲、昆明、徙、笮的分布地域。战国至两汉这里是以A、B两类土坑墓为代表，包括石构墓葬在内，较为发达的青铜文化遗存。文献中对其"皆编发，随畜迁徙，毋常处，毋君长"的记

---

① 童恩正：《近年来中国西南民族地区战国秦汉时代的考古发现及其研究》，《中国西南民族考古论文集》，第153—156页，文物出版社，1990年。

载与考古所揭示的文化面貌相去甚远。至于《华阳国志·南中志·云南郡》的记载，那已是蜀汉时期的状况。本书对这一广大区域土坑墓的初步分类，石构墓葬与土坑墓关系的探讨，已经初步揭示了其多种文化传统各有区隔，南北交融而长期并存的基本事实。

3.《华阳国志·蜀志·定笮县》关于笮夷的记载表明，笮人分布很广，在当时的汶山、南中、汉嘉、越嶲、蜀，皆有分布，只是称谓不一。雅砻江、大渡河、青衣江流域和金沙江中游地区的笮人与汶山夷（分布在今岷江上游）、昆明、邛有关系。这种关系大致应是本书揭示的滇西北区、川西南区与川西藏东地区和青衣江、大渡河流域，以石构墓葬为主体的青铜文化之间的文化关系，即从春秋晚期至两汉，以陶双耳罐、单耳罐和部分铜器以及石构墓葬葬制为共同文化传统的不同类型或分支的长期交流，并同时受到其以南以土坑墓为代表的青铜文化影响。

4. 目前，研究者一般把滇西北北部区域和川西藏东地区的石构墓葬与文献中记载的东汉时期的白狼、槃木等百余国联系在一起。① 从时代和分布范围看，大致不错。但考古遗存比文献记载要复杂得多，随着材料的增多，关于这一区域民族和文化特征的认识将会不断深入。

① 童恩正：《近年来中国西南民族地区战国秦汉时代的考古发现及其研究》，《中国西南民族考古论文集》，第153—156页，文物出版社，1990年。

结　　语

本书在分区、分期基础上，运用类型学和文化因素分析法，对金沙江中游石构墓葬作了较为全面的考察，概括如下：

一、各区石构墓葬差异性大于共同性。

滇西北区陶器流行各种双耳罐、单耳罐、簋，早晚演化轨迹明显，铜器以兵器为主，缺乏演化关系。墓葬结构为地下式垒石成壁墓，葬式以单人屈肢葬为主，兼有直肢葬。滇北区变异较大，呈跳跃发展之势。陶器经历了从无耳到有耳再到无耳的变化，铜器种类数量较丰富，兵器、工具、各类饰件并重。墓室结构为地下式竖石成壁墓，经历了从单室到分室到分层多室再到有墓道的变化，葬式则由单人直肢到多人丛葬再到单人二次葬。川西南区陶器以带嘴壶、喇叭口罐、圈足罐为特色，带耳器因素一直存在，但始终不发达，铜器以发钗、镯、环、铃等小件器物为主，骨、石器较为流行。墓葬结构为地上式竖石成壁和垒石成壁两种长期并存，葬式为多人一次丛葬和多人多次丛葬长期并存。另有封土、墓尾、墓道、器物坑等墓外设施。

共性可从两个方面看：一是器物形态上，各区都在不同程度、不同时段存在带耳器因素，多平底器，无三足器，少圈足器，部分器物肩部、腹部常饰乳钉和点划纹样，器底多有叶脉纹。玉、石玛、瑙等杂器各区时有发现。这些共性只是最底层的文化传统在各区文化中的延续，而非具体的文化交流所致。二是葬制方面，虽然地上式和地下式石构墓葬从早到晚各区域有相对独立的发展演变过程，但又有一定相似之处，都遵循着从竖石成壁到垒石成壁，无墓道到有墓道，单室到多室的演变轨迹。葬式复杂多变，但又有一定的内在一致性，遵循着从单人到多人，从一次到多次的演变轨迹。

金沙江中游石构墓葬差异性大于共性的文化格局的形成，既与其各自长期处于封闭半封闭状态的小生态生存空间有关，又与各自文化内涵的单一性、浅层次性有关，是多种因素共同作用的结果。

二、金沙江中游石构墓葬从当地新石器时代晚期延续至两汉，经历了千余年漫长的发展演变。

滇北区和滇西北区南部区域地下式石构墓葬产生于当地新石器时代晚期

的大墩子文化类型，主要继承了其平底无耳盘口罐和石器，同时也吸收了来自周边的文化因素，如南华孙家屯的双耳器，并不断发展成为与土坑墓并存并行的墓葬形式。到了铜器时代，这两个区域石构墓葬与土坑墓不断融合，成为以土坑墓为代表的青铜文化的一部分，从而使得滇北区和滇西北区成为一个经常的文化交流圈。

滇西北北部区域石构墓葬，则与川西藏东石构墓葬关系密切，同时又明显受到南部以土坑墓为代表的青铜文化的影响。滇西北区与川西藏东石构墓葬从春秋晚期至汉代，有着以陶双耳罐、簋和单耳罐为主的悠久的文化交流，而在墓葬结构、葬式、铜器等方面又有着很大差异。二者是在陶器上有着相同文化传统，在葬制上有着一定联系的不同类型或分支。其关系不能以文化传播或民族迁徙简单概括。

川西南区地上式石构墓葬与当地新石器文化晚期文化有一定联系，从一开始就独具特色，与外界文化交流甚少，不仅形成了有别于滇北区和滇西北区的青铜文化，而且还影响了其周边的土坑墓，如会理粪箕湾土坑墓。

西汉武帝时期对西南夷的开拓，汉式文化因素的不断影响，金沙江中游石构墓葬随之消亡。各区受影响程度不一，消亡时间早晚有所不同，其中，川西南地上式石构墓葬在汉文化进入后，延续了较长一段时间，直至东汉早期才基本消亡。

三、石构墓葬发展滞缓，内涵单一，层次浅显。

各区陶器制作工艺水平一直很低，长期为手制，部分慢轮修整。火候低，质地粗糙，以夹砂陶为主，少泥质陶。器类单调，以罐类为主，纹饰简单，仅有点划纹样。晚期出现了少量泥质黑陶，彩绘陶和组合纹样。铜器多为剑、矛、钺等短式防御性兵器，局部区域出现的锄、刀、斧之类的生产工具只能用于浅显的开垦。较多小件饰物的长期存在，虽然反映了人们的相对稳定的生产生活，但工艺之浅陋可见一斑。晚期出现的少量铁镯、铜柄铁剑只停留在锻铸阶段。相对而言，滇北区青铜时代局部范围内的石构墓葬因受到与之临近的土坑墓的强烈影响，较其他区域发展水平稍高。

以上文化特征的产生，也是自然地理环境和文化内部的浅层次发展共同作用的结果。

四、整个金沙江中游，包括川西藏东地区在内，最迟至战国早中期，已呈现出多种文化传统并列发展之势，各种文化有稳定的分布范围和中心，形成了长期并存，互通有无的文化格局。

西北部流行地下式石构墓葬，是以陶直口球形腹双耳罐、螺旋纹双耳罐、簋和各种单耳罐为特征的文化传统势力范围；南部流行 A 类土坑墓和一种与之并存的石构墓葬，是以山字纹剑、钺、锄、铜鼓、编钟为特征的文化传统势力范围；西北部和南部之间交错地带流行 B 类土坑墓和一种与之并存的石构墓葬，是以曲柄剑、曲刃戈、双耳矛、双圆饼剑、枝形器为特征的文化传统势力范围；东北部是以地上式大石筑墓、铜发钗、环、骨器为特征的文化传统势力范围。土坑墓与石构墓葬之间的同与不同；土坑墓内部的同与不同；石构墓葬内部的同与不同，既是不同文化传统长期并存的反映，也是其相互影响的必然结果。以螺旋纹双耳罐为代表的西北部传统因素东移南下，以山字纹剑、曲柄剑、曲刃戈、双圆饼剑、双耳矛为代表的 A、B 类墓青铜文化因素西进北上，互相交融，生动地反映了金沙江中游这几种文化传统的互动关系。

各个区域的丧葬形式，或以石构墓葬为主体，土坑墓为辅助，或以土坑墓、土坑石盖墓为主体，石构墓葬为辅助，地位各有不同，各有侧重和选择。但土坑墓与石构墓葬是金沙江中游并存的两大基本墓葬形式，不管游牧民族还是农耕民族，都在使用，并不具有族属上的区分。这两种墓葬形式并列并存，互相影响，在各个区域内都经历了各自特有的交融发展道路。

以上是本书的主要结论。由于材料的局限（考古发现的不充分，重要遗迹现象不完整，有关资料尚未公布），一些结论有待修正和完善，也使得一些更为重要的问题难以深入。如石构墓葬中带耳器、山字纹剑等传统文化因素的形成、传播和演变轨迹；石构墓葬与土坑墓的关系及其族属；川西南区地上式石盖墓的起源，竖石成壁墓和垒石成壁墓并存，多人一次丛葬和多人多次丛葬并存的实质，及其与无盖石构墓葬的关系；滇北区多人丛葬与川西南区多人丛葬的关系，等等。

另外，文章涉及的一些问题，如石构墓葬分布区域的划分；其文化格局形成的原因；青铜时代土坑墓的分类；随葬品因素分析等，仍显得粗糙。恳请时贤和后来者批评指教。

参考资料索引

（按时代顺序排列）

古文献资料

1. （西汉）司马迁：《史记》，中华书局标点本。
2. （东汉）班固：《汉书》，中华书局标点本。
3. （刘宋）范晔：《后汉书》，中华书局标点本。
4. （西晋）常璩撰，刘琳校注：《华阳国志》，巴蜀书社，1984 年。

考古资料

一、滇西北区

1. 云南省博物馆文物工作队：《云南德钦永芝发现的古墓群》，载《考古》1975 年第 4 期。

2. 云南省文物工作队：《德钦石底古墓》，载《云南文物》1982 年总第 12 期。

3. 云南省博物馆文物工作队：《云南德钦县纳古石棺葬》，载《考古》1983 年第 3 期。

4. 云南省博物馆文物工作队：《云南德钦石底古墓》，载《考古》1983 年第 3 期。

5. 云南省博物馆：《云南维西戈登村新石器》，载《云南文物》1985 年总第 18 期。

6. 云南省文物考古研究所：《云南中甸的石棺葬》，载《云南文物》1993 年总第 36 期，又见《考古》2005 年第 4 期。

7. 木基元：《丽江金沙江的考古发现与研究》，载《中华文化论坛》（金沙江文化专号）2002 年第 2 期。

8. 云南省文物考古研究所等：《云南剑川县海门口遗址第三次发掘》，载《考古》2009 年第 8 期。

二、滇北区

1. 云南省文物工作队：《云南祥云大波那木椁铜棺墓清理报告》，载《考古》1964 年第 12 期。

2. 杨益清：《云南大理收集到一批汉代铜器》，载《考古》1966 年第 4 期。

3. 云南省博物馆：《元谋大墩子新石器时代遗址》，载《考古学报》1977 年第 1 期。

4. 云南省博物馆：《云南宾川白羊村遗址》，载《考古学报》1981 年第 3 期。

5. 谢道辛、王涵：《云龙县首次发现青铜器》，载《云南文物》1982 年第 12 期。

6. 云南省博物馆文物工作队：《云南宁蒗县大兴镇古墓葬》，载《考古》1983 年第 3 期。

7. 肖明华、张兴永、郑良：《云南永仁菜园子新石器遗址调查简报》，载《云南文物》1983 年总第 14 期。

8. 大理白族自治州文物管理所、祥云县文化馆：《云南祥云检村石椁墓》，载《文物》1983 年第 5 期。

9. 云南省文物工作队：《楚雄万家坝古墓葬发掘报告》，载《考古学报》1983 年第 3 期。

10. 姚安县文化馆：《云南姚安西教场黄牛山石棺墓》，载《考古》1984 年第 7 期。

11. 云南省大理白族自治州文物管理所：《云南祥云县检村石棺墓》，载《考古》1984 年第 12 期。

12. 云南省博物馆：《云南永仁菜园子新石器时代遗址调查》，载《考古》1985 年第 11 期。13. 渡口市文管所：《四川盐边县石棺葬发掘简报》，载《考古与文物》1986 年第 2 期。

14. 楚雄彝族自治州文管所、云南省博物馆文物队：《云南永仁永定镇石板墓清理简报》，载《文物》1986 年第 7 期。

15. 云南省文物工作队：《云南弥渡苴力战国石墓》，载《文物》1986 年第 7 期。

16. 大理白族自治州文管所：《云南祥云大波那木椁墓》，载《文物》1986 年第 7 期。

17. 楚雄彝族自治州文馆所云南省博物馆文物工作队：《云南永仁维的石板墓发掘纪略》，载《云南文物》1986 年总第 19 期。

18. 郭廾云：《姚安清理石墓一座》，载《云南文物》1986 年总第 19 期。

19. 易学钟：《云南永胜金官龙潭出土青铜器》，载《云南文物》1986 年总第 19 期。

20. 省博物馆文物队：《剑川鳌凤山古墓发掘报告》，载《考古学报》1990 年第 2 期。

21. 唐翔：《会理城河流域的古代文化遗存》，载《四川文物》1992 年第 4 期。

22. 张家华、李剑明：《云南武定田心石棺墓调查简报》，载《云南文物》1992 年总第 31 期。

23. 宾川县文化馆：《宾川县石棺墓、土坑墓调查简报》，载《云南文物》1992 年总第 31 期。

24. 杨德文：《大理洱海东岸石棺墓清理简报》，载《云南文物》1992 年总第 33 期。

25. 段志刚：《元谋再次发现石棺墓》，载《云南文物》1993 年总第 35 期。

26. 姜础：《元谋大墩子新石器时代遗址石棺墓清理简报》，载《云南文物》1994 年总第 38 期。

27. 大理白族自治州文管所：《宾川古底石椁墓发掘简报》，载《云南文物》1995 年总第 41 期。

28. 于林非：《永仁菜园子石棺墓清理简报》，载《云南文物》1998 年总第 46 期。

29. 王国付：《元谋大墩子新石器遗址重要新成果》，载《楚州古今》1999 年第 3 期。

30. 云南省文物考古研究所：《云南弥渡合家山出土古代石、陶范和青铜器》，载《文物》2000 年第 11 期。

31. 云南省文物考古研究所：《云南南华县孙家屯墓地发掘简报》，载《考古》2001 年第 12 期。

32. 云南省文物考古研究所：《云南永仁菜园子·磨盘地遗址 2001 年发掘

报告》，载《考古学报》2003 年第 2 期。

33. 大理白族自治州王陵调查课题组编：《二十世纪大理考古文集》，云南民族出版社，2003 年 11 月。

34. 昭通市文物管理所、巧家县文物管理所：《云南省巧家县小东门墓地清理简报》，载《四川文物》2009 年第 6 期。

35. 云南省文物考古研究所等：《云南大理市海东银梭岛遗址发掘简报》，载《考古》2009 年第 8 期。

36. 大理白族自治州博物馆：《云南祥云红土坡 14 号墓清理简报》，载《文物》2011 年第 1 期。

三、川西南区

1. 四川金沙江渡口西昌段安宁河流域联合考古队：《西昌坝河堡子大石墓发掘简报》，载《考古》1976 年第 5 期。

2. 西昌地区博物馆：《冕宁三块石古墓葬清理发掘简报》，载《凉山彝族奴隶制研究》1978 年第 2 期。

3. 西昌地区博物馆等：《西昌坝河堡子大石墓第二次发掘简报》，载《考古》1978 年第 2 期。

4. 凉山彝族地区考古队：《喜德拉克公社大石墓》，载《考古》1978 年第 2 期。

5. 西昌博物馆等：《四川西昌河西大石墓群》，载《考古》1978 年第 2 期。

6. 西昌地区博物馆：《德昌县五一公社果园大队古墓葬清理发掘简报》，载《凉山彝族奴隶制研究》1978 年第 5 期。

7. 礼州遗址联合考古发掘队：《四川西昌礼州新石器时代遗址》载，载《考古学报》1980 年第 4 期。

8. 黄承忠：《木里县发现石棺葬》，载《凉山彝族奴隶制研究》1981 年第 1 期。

9. 凉山彝族地区考古队：《四川凉山昭觉石板墓发掘简报》，《考古学集刊》第 1 集，中国社会科学出版社，1981 年。

10. 凉山彝族地区考古队：《四川凉山昭觉石板墓发掘简报》，《考古学集刊》第 1 集，文物出版社，1981 年。

11. 凉山彝族自治州博物馆：《米易弯丘的两座大石墓》，《考古学集刊》

第1集，中国社会科学出版社，1981年。

12. 刘世旭：《西昌杨家山新石器时代晚期遗存》，《文物资料丛刊》第5集，文物出版社，1981年。

13. 凉山彝族自治州博物馆：《四川普格小兴场大石墓》，载《考古与文物》1982年第5期。

14. 刘世旭、秦应远：《四川普格县瓦打洛遗址调查》，载《考古》1983年第6期。

15. 凉山彝族自治州博物馆：《西昌市郊大石墓》，载《考古》1983年第6期。

16. 凉山彝族自治州博物馆：《四川西昌一号墓发掘简报》，《考古学集刊》第3集，中国社会科学出版社，1983年。

17. 凉山彝族自治州博物馆：《四川天王山10号墓清理简报》，载《考古》1984年第12期。

18. 凉山彝族自治州博物馆：《四川普格小兴场大石墓群的调查与清理》，《文物资料丛刊》第10集，文物出版社，1987年。

19. 凉山彝族自治州博物馆：《四川喜德县清理一座大石墓》，载《考古》1987年第3期。

20. 西昌地区博物馆：《四川西昌北山、小花山、黄水塘大石墓》，载《文物》1990年第5期。

21. 姜先杰等：《凉山地区的考古新发现》，载《中华文化论坛》（金沙江文化专号）2002年第2期。

22. 西昌市文管所等：《四川西昌市经久大洋堆遗址的发掘》，载《考古》2004年第10期。23. 四川省文物考古研究院、凉山彝族自治州博物馆、西昌市文物管理所编著：《安宁河流域大石墓》，文物出版社，2006年。

24. 四川省文物考古研究院、凉山州博物馆、西昌市文物管理所：《四川西昌洼垴、德昌阿荣大石墓》，载《文物》2006年第2期。

25. 昆明市博物馆、禄劝县文物管理所；凉山州博物馆、会理县文物管理所：《金沙江中游地区两处新石器时期石棺葬的发掘》，载《考古》2007年第11期。

四、滇池地区

1. 云南省博物馆：《云南晋宁石寨山古遗址和墓葬》，载《考古学报》

1956 年第 1 期。

2. 云南省博物馆：《云南晋宁古石寨山墓葬发掘报告》，文物出版社，1959 年。

3. 云南省博物馆：《云南晋宁石寨山第三次发掘》，载《考古》1959 年第 9 期。

4. 云南省博物馆：《云南晋宁石寨山第四次发掘》，载《考古》1963 年第 9 期。

5. 云南省文物考古研究所等：《云南晋宁石寨山第五次抢救清理简报》，载《文物》1998 年第 6 期。

6. 云南省文物工作队：《云南安宁太极山古墓葬清理报告》，载《考古》1965 年第 9 期。

7. 云南省博物馆：《云南江川李家山古墓葬发掘报告》，载《考古学报》1975 年第 2 期。

8. 云南省文物考古研究所等：《云南江川李家山古墓葬第二次发掘》，载《考古》2001 年第 1 期。

9. 云南省文物工作队：《云南呈贡龙街石碑村古墓群清理简报》，《文物资料丛刊》第 3 集，文物出版社，1980 年。

10. 云南省博物馆文物工作队：《云南呈贡天子庙古墓葬的清理》，《考古学集刊》，第 3 集，中国社会科学出版社，1983 年。

11. 昆明市文管会：《昆明呈贡石碑村古墓群第二次清理简报》，载《考古》1984 年第 3 期。

12. 昆明市文管会：《呈贡天子庙滇墓》，载《考古学报》1985 年第 4 期。

13. 云南省文物考古研究所等：《云南昆明羊甫头墓地发掘简报》，载《文物》2001 年第 4 期。

五、川西藏东地区

1. 甘孜考古队：《四川巴塘、雅江的石板墓》，载《考古》1981 年第 3 期。

2. 甘孜藏族自治州文化馆等：《四川雅江呷拉石棺葬清理简报》，载《考古与文物》1983 年第 4 期。

3. 四川省文物管理委员会等：《四川甘孜吉里龙古墓葬》，载《考古》1986 年第 1 期。

4. 格勒：《新龙谷日的石棺葬及其族属问题》，载《四川文物》1987 年第 3 期。

5. 西藏文物管理委员会普查队：《西藏贡觉县香坝石棺墓》，载《考古与文物》1989 年第 6 期。

6. 四川省文物考古研究所：《四川炉霍卡沙湖石棺墓》，载《考古学报》1991 年第 2 期。

7. 故宫博物院、四川省文物考古研究院：《2005 年康巴地区考古调查简报》，载《四川文物》2005 年第 6 期。

8. 陈剑等：《四川九龙县查尔村发现石棺葬墓地》，载《四川文物》2007 年第 6 期。

9. 四川省文物考古研究院等：《2006 年稻城县瓦龙村石棺墓群试掘报告》，载《四川文物》2007 年第 4 期。

六、大渡河、青衣江流域地区

1. 宝兴县文化馆：《四川宝兴县汉代石棺墓》，载《考古》1982 年第 4 期。

2. 李晓欧、刘继和：《四川荥经县烈太战国土坑墓清理简报》，载《考古》1984 年第 7 期。

3. 四川省文管会、宝兴县文化馆：《四川宝兴陇东东汉墓群》，载《文物》1987 年第 10 期。

4. 四川省文物管理委员会、雅安地区文管所、宝兴县文管所：《四川宝兴汉塔山战国土坑积石墓发掘报告》，载《考古学报》1999 年第 3 期。

专　著

1. 文物编辑委员会编：《文物考古工作三十年》，文物出版社，1979 年。

2. 文物编辑委员会编：《文物考古工作十年》（1979—1989）文物出版社，1990 年。

3. 文物出版社编：《新中国考古五十年》，文物出版社，1999 年。

4. 中国社会科学院考古研究所编：《中国考古学中碳十四年代数据集》（1965—1991），文物出版社，1991 年。

5. 尤中：《中国西南民族史》，云南人民出版社，1985 年。

6. 汪宁生：《民族考古学论集》，文物出版社，1989 年。

7. 童恩正：《中国西南民族考古论文集》，文物出版社，1990 年。

8. 张增祺：《中国西南民族考古》，云南人民出版社，1990 年。

9. 汪宁生：《云南考古》，云南人民出版社，1992 年。

10. 李昆生：《云南考古学论集》，云南人民出版社，1998 年。

11. 张增祺：《滇文化》，文物出版社，2001 年。

12. 张家华、杨甫旺：《楚雄文物考古与文化论集》，香港天马图书出版公司出版，2002 年 8 月。

13. 杨勇：《战国秦汉时期云贵高原考古学文化研究》，科学出版社，2011 年。

14. 罗二虎：《文化与生态、社会、族群：川滇青藏民族走廊石棺葬研究》，科学出版社，2012 年 1 月。

研究论文

1. 沈仲常、李复华：《关于"石棺葬文化"的几个问题》，《中国考古学会第一次年会论文集》，文物出版社，1980 年。

2. 王涵：《我国西南地区一种新的青铜文化》，载《云南文物》1984 年总第 14、15 期。

3. 刘世旭：《川西大石墓的起源与分期》，载《考古》1985 年第 6 期。

4. 李炳元、王富葆：《滇西北、川西南地区地貌的基本特征》，《青藏高原研究——横断山区考察专集 2》，北京科学技术出版社，1986 年。

5. 罗开玉：《川西南与滇西大石墓试析》，载《考古》1989 年第 12 期。

6. （法）米歇尔·皮拉左里：《滇文化的年代问题》，载《考古》1990 年第 1 期。

7. 段志刚：《对元谋大墩子新石器时代遗址成人墓葬的几点看法》，载《云南文物》1990 年总第 27—28 期。

8. 刘弘：《凉山地区埋葬多样性原因初探》，载《四川文物》1992 年第 4 期。

9. 刘世旭：《凉山的考古与民族》，载《四川文物》1992 年第 4 期。

10. 罗开玉：《川滇西部及藏东石构墓研究》，载《考古学报》1992 年第 4 期。

11. 刘弘：《川西南大石墓与"邛都七部"》，载《文物》1993 年第 3 期。

12. 木基元：《滇西北金沙江河谷石棺葬文化初探》，载《东南文化》1995 年第 2 期。

13. 胡绍锦：《论金沙江流域青铜文化及其与滇文化的关系》，载《东南文化》1995 年第 2 期。

14. 肖明华：《云南剑川海门口青铜时代早期遗址》，载《考古》1995 年第 9 期。

15. 刘弘、李安民：《长江文化不可缺少的一环——试论金沙江文化》，《长江文化论集》（第一辑）1995 年。

16. 刘弘：《“西南夷”陶器及相关问题的研究》，《四川考古论文集》，文物出版社，1996 年。

17. 陈祖军：《西南地区的石棺墓分期研究——关于“石棺葬文化”的新认识》，《四川考古论文集》，文物出版社，1996 年。

18. 徐学书：《关于滇文化和滇西青铜文化年代的再探讨》，载《考古》1999 年第 5 期。

19. 亚当·史密思：《川西、滇西北、藏东地区石棺葬文化研究》，北京大学考古文博学院 2001 年硕士学位论文打印稿。

20. 郭继艳：《云南地区石棺葬的分区研究》，载《四川文物》2002 年第 2 期。

21. 徐学书：《由石棺葬遗存谈对金沙江中游新石器时代文化的再认识》，载《中华文化论坛》（金沙江文化专号）2002 年第 2 期。

22. 李安民：《地理环境·民族迁徙·文化交流——再论金沙江文化》，载《中华文化论坛》（金沙江文化专号）2002 年第 2 期。

23. 段渝：《论金沙江文化与文化的起源》，载《中华文化论坛》（金沙江文化专号）2002 年第 2 期。

24. 周志清：《云南洱海地区石棺墓初步研究》，载《四川文物》2002 年第 5 期。

25. 江章华：《安宁河流域考古学文化试析》，载《四川文物》2007 年第 5 期。

26. 李晓岑等：《云南祥云红土坡古墓群出土金属器的初步分析》，载《考古》2011 年第 1 期。

后　　记

制文乃经天纬地导人之伟业，若无谦诚态度，博雅胸襟，断不可为也，为者必自取其辱！三年来，叠经辗转，敬闻师教，修正持诚，思辩驳析，略备此四万余言，可谓一了平生夙愿，然亦终不过如此而已。“言之无文，行而不远”，如此苦涩纰缪之辞，何值一哂？自不足为文，更不得行远。人世恍惚，总在忧劳逸豫之中企望，有所思者，必有所依，必有所喻。古人翻箱倒箧，探赜索隐，著书立论，深得安身立命之趣，虽苦犹乐，故累世而不衰。今人疲于穿凿敷衍者众，眼红心躁，苦则苦也！我辈虽无富余之才，却勤修富余之心，制富余之文，不枉一番苦苦挣扎，唯愿不愧为一真人真物。

三年游学之期，忽然而至，临别遣怀，不胜其情，恂恂然若有所失。昔日新人旧事，多少深情厚谊，喜怨哀乐，一时齐至胸中，横添几许怅惘！曾几番奋进，终因力不从心而复归于平庸。憾恨之事，实不足道也，唯醇醇师友之情，默默进学之乐，引以为平生快慰。杨楠恩师为人宽厚博爱，治学严敏缜密，不以我浅薄贫贱，耳提面命，循循善诱，不厌其烦；于生活琐事，解衣推食，无微不至。贫生受此莫大恩惠，感激万千！此乃平生快慰之一也。又幸得忝列北大课堂，从诸位恩师学友进德修业，廓我愚钝，遂稍得其一二精髓，此平生快慰之二也。古曰：“独学而无友，孤陋而寡闻。”今又幸得与同窗本海兄、北大学友吴仝、同校丁青青诸君推诚相见，砥砺品行，此三位实乃博雅君子，每每慷慨大义，助我于困窘，使我重开心颜，此平生快慰之三也。又饱览国图浩瀚书海，吐故纳新，广闻博识，常迷不知返，此平生快慰之四也。又惠蒙滇川诸同仁热忱接待，敞开门户供我观摩，使我论文材料愈加丰备，此平生快慰之五也。人生有此五大快慰之事，何悲之有？

今年届而立，学犹荒疏。摇曳于生路，稽延错漏时至，睹迷离乱世，几多冥迷与幽愤。学者何足恃？无学者何足忧？释老无恃无忧，介乎学与不学之间，窃以为生生透彻之通途也。我外取智术以伸事功，中取空有以就无碍之道，内取虚静柔弱以达无不为之境，然比俗之人多谓我一生懦弱，觍颜人世。我常是自愧，叹曰：立于天地而不得其精魂以践德行，养于父母而不知其酸辛以尽孝道，披人恩惠而无力图报以显忠诚！立身行道，任重道远，有鉴于此，虽形容枯槁，心瘁力竭，何时敢辞！何时敢辞！

叶成勇

2005 年 5 月 5 日

于中央民族大学图书馆

附　　记

2005 年 5 月，某撰成《金沙江中游石构墓葬研究》一文，获“中央民族大学优秀硕士学位论文”称号。于此，特别感谢王迅、董琦、李维明、戴成萍四位先生在答辩中之辛勤劳动与谆谆教诲。光阴荏苒，至于今已越八年矣，于教于学之中，自求多识前言往行。在恩师杨楠教授的关心支持下，对该文又作补充和完善。2013 年 5 月，向贵州民族大学申请出版，某管窥之见，测蠡之衷，苦涩之文，经匿名专家认真评审，谬承厚爱，同意出版，并提出修改意见。某进益良多，谨遵教诲，又作较多修正和补充完善。然因能力和条件限制，仍有多处未能改进，惭愧之至，期待时贤和后来者批评，并超越之。

2013 年 11 月 8 日

于贵州民族大学历史系